Friso Wielenga · Schatten deutscher Geschichte

Kölner Beiträge zur Nationsforschung

im Auftrag
des Arbeitskreises für Nationalismusforschung
der Philosophischen Fakultät der Universität zu Köln

herausgegeben von

Otto Dann, Ulla Johansen,
Andreas Kappeler, Eberhard Kolb,
Klaus Pabst und Wolfgang Schieder

Band 3

Friso Wielenga

Schatten deutscher Geschichte

Der Umgang mit dem Nationalsozialismus und der DDR-Vergangenheit in der Bundesrepublik

Aus dem Niederländischen übersetzt
von Christoph Strupp

SH-Verlag

ISSN 0945-7763
ISBN 3-89498-015-X

Die niederländische Originalausgabe erschien 1993 unter dem Titel: *Schaduwen van de Duitse geschiedenis. De omgang met het nazi- en DDR-verleden in de Bondsrepubliek Duitsland* im Verlag Boom, Amsterdam.

Die Übersetzung wurde gefördert durch den *Nederlands Literair Produktie- en Vertalingenfonds*, Amsterdam, sowie durch das *Onderzoekszentrum voor Geschiedenis en Cultuur* und die *Vakgroep Geschiedenis* der Universität Utrecht.
Satz aus der Adobe Garamond: SH-Verlag. Druck: Richarz, St. Augustin. Printed in Germany.

Abbildungen auf dem Umschlag: Gestürzter NS-Hoheitsadler der Berliner Neuen Reichskanzlei (1945, Foto Keystone) sowie Demontage des DDR-Staatswappens vom „Palast der Republik“ in Ost-Berlin (1990, Foto Archiv).

Inhaltsverzeichnis

Vorbemerkung der Herausgeber

Noch vor dem geplanten zweiten Band unserer Reihe erscheint dieser dritte. In ihm wird ein sehr aktuelles Thema der Nationsforschung aufgegriffen: die Auseinandersetzung der deutschen, speziell der westdeutschen Gesellschaft mit den problematischen Zusammenhängen der jüngsten deutschen Geschichte. Es handelt sich um einen Bereich sensibler Erfahrungen, der nicht nur politische, sondern auch geistige Verhaltensweisen und Mentalitäten umfaßt. Die Meinungsbildung darüber ist noch voll im Gange; ein distanziertes Verhältnis, das eine wissenschaftliche Behandlung erlaubt, ist in Deutschland noch keineswegs erreicht. Eine Betrachtung von außen ist in dieser Situation daher besonders willkommen.

Friso Wielenga, Professor für Deutschland-Studien an der Universität Groningen und Dozent für Politische Geschichte an der Universität Utrecht, verfügt über den notwendigen Abstand und zugleich über eine langjährige wissenschaftliche Erfahrung mit der deutschen Zeitgeschichte. Seine Abhandlung *Schaduwen van de duitse geschiedenis* gibt einen informativen Überblick über die Zusammenhänge und Entwicklungen, und sie enthält eine Interpretation, in der verschiedene Positionen und Argumente zur Geltung kommen und nicht vorschnell einer Beurteilung unterzogen werden. Wir sind Herrn Wielenga dankbar, daß er seinen Beitrag zur aktuellen Nationsforschung über Deutschland für diese Reihe zur Verfügung gestellt und auch die Übersetzung engagiert betreut hat.

Die Nationsforschung lebt von den internationalen Bezügen, die sie entwickelt und entfaltet. Die Herausgeber hoffen, mit diesem Band zur Intensivierung und Versachlichung der aktuellen Diskussion in Deutschland beitragen zu können.

Vorwort

Das vorliegende Buch ist eine aktualisierte und erweiterte Fassung der 1993 erschienenen niederländischen Studie, die im Rahmen meiner Antrittsvorlesung an der Universität Groningen entstanden war. Dabei bin ich von verschiedenen Seiten unterstützt worden. Mein Dank gilt in erster Linie meinen Berliner Freunden Paul Stoop und Adelheid Scholten. Sie boten mir nicht nur ihre Gastfreundschaft während eines Forschungsaufenthaltes, sondern auch praktische und inhaltliche Unterstützung. Jürgen C. Hess danke ich für seinen Kommentar zur niederländischen Fassung, meiner Frau Anne Katrin Flohr für ihre kritischen inhaltlichen und redaktionellen Bemerkungen zum erweiterten deutschen Text und Otto Dann für seine Initiative, dieses Buch in die Reihe der „Kölner Beiträge zur Nationsforschung" aufzunehmen. Zu danken habe ich schließlich Christoph Strupp, der den niederländischen Text schnell und sorgfältig ins Deutsche übertrug, und dem Verleger Raimund Neuß für die gute Zusammenarbeit.

Die Übersetzung wurde finanziell ermöglicht durch die *Stiftung für die Produktion und Übersetzung niederländischer Literatur* (Amsterdam), das *Forschungszentrum für Geschichte und Kultur* sowie die Fachgruppe Geschichte der Universität Utrecht.

Amsterdam, im Dezember 1994 *Friso Wielenga*

1. Einleitung

Seit dem Untergang der DDR steht Deutschland zum zweiten Mal innerhalb eines halben Jahrhunderts vor der Aufgabe, sich auf politischem, geistigem und juristischem Gebiet mit einer diktatorischen Vergangenheit auseinanderzusetzen. Nach 1945 ging es um das belastende Erbe des Dritten Reiches, nach 1989/90 um das Erbe des real existierenden Sozialismus. Trotz der großen Unterschiede zwischen der braunen und der roten Diktatur drängen sich in der aktuellen Diskussion über die Aufarbeitung der DDR-Vergangenheit Parallelen zum Umgang mit dem Nationalsozialismus seit Kriegsende auf. Von neuem erhebt sich die Frage nach der Verstrickung vieler Einzelner in die frühere Diktatur, ist die Rede vom Versuch der Bestrafung der Schuldigen und von Schadenersatz für die Opfer. Nachdem allmählich die letzten Prozesse gegen NS-Kriegsverbrecher abgeschlossen worden sind, werden in Deutschland erneut Prozesse gegen Repräsentanten eines untergegangenen Regimes geführt. Einige der Beschuldigten sprechen von „Siegerjustiz" und aktualisieren damit einen Begriff, der sich nach 1945 gegen die alliierten Besatzungsmächte richtete. Auch auf anderen Gebieten haben die alten Begriffe aus den ersten Jahren der Nachkriegszeit oder Ableitungen davon neue Aktualität erhalten. So wie kurz nach 1945 die Entnazifizierung auf der politischen Tagesordnung der Alliierten stand, so sei nun ein Prozeß der „Entstasifizierung" in Gang gesetzt worden. Mußten nach 1945 Deutsche, die älter als 18 Jahre waren, im Rahmen der Entnazifizierung einen Fragebogen über ihre jüngste Vergangenheit ausfüllen, so besteht nun für ehemalige DDR-Bürger, die im öffentlichen Dienst arbeiten (wollen), die Verpflichtung, Auskunft über ihre früheren politischen Aktivitäten und eine eventuelle Stasi-Mitarbeit zu geben. Zu letzterer werden gleichzeitig Informationen beim *Bundesbeauftragten für die Unterlagen des Staatssicherheitsdienstes der ehemaligen Deutschen Demokratischen Republik* (Gauck-Behörde) eingeholt, der im Auftrag der Bundesregierung das Archiv des ehemaligen Staatssicherheitsdienstes verwaltet. Gibt es belastende Fakten über den Betroffenen, kann er aus dem öffentlichen Dienst entfernt werden. Viele Lehrer, Beamte und Politiker wurden inzwischen so von ihrer Vergangenheit eingeholt und haben ihre Arbeit verloren.

Nicht weniger wichtig als die strafrechtliche Verfolgung der Täter, die Wiedergutmachung an den Opfern und die Säuberung des öffentlichen Dienstes ist die Neuschreibung der Geschichte der DDR auf der Grundlage der nun zugänglichen Archive. Nach 1945 mußten die historischen Wurzeln und die Machtstrukturen des Dritten Reiches offengelegt werden. Jetzt ist die Frage nach der Geschichte der zweiten deutschen Diktatur ähnlich aktuell. Dabei ist das oberste Ziel zunächst eine erneuerte Analyse des Staatsapparates, wozu außer der SED und dem Ministerium für Staatssicherheit auch die sogenannten Massenorganisationen (FDJ, FDGB) und die gleichgeschalteten politischen Parteien gehörten. Notwendig ist darüber hinaus nähere Einsicht in die Haltung der Bevölkerung gegenüber dem Staat, bei der sowohl von aktiver Unterstützung als auch von Anpassung und Widerstand die Rede war. Für die Bewältigung der diktatorischen Vergangenheit ist die Bedeutung einer derartigen Erforschung der politischen Kultur der DDR offensichtlich: Nur dadurch ist eine differenzierte Urteilsbildung über Schuld und Verantwortlichkeit möglich, ohne daß man sofort in die Falle eines vereinfachten Schemas von „Gut“ und „Böse“ gerät.

Ein Vergleich zwischen dem Umgang mit der Vergangenheit des Nationalsozialismus in der Nachkriegszeit und der aktuellen Diskussion über 40 Jahre SED-Diktatur ist nicht unproblematisch. Zunächst wird die Diskussion über das Dritte Reich bereits seit einem halben Jahrhundert geführt, während die Debatte über die DDR erst wenige Jahre alt ist. Wichtiger ist, daß die Verbrechen der DDR keinesfalls auf einer Ebene mit denen des Dritten Reiches stehen. Dennoch ist es sinnvoll, Unterschiede und Gemeinsamkeiten im Umgang mit beiden Diktaturen festzustellen. Erstens drängt sich der Vergleich durch die Übereinstimmungen zwischen den beiden Diktaturen selbst auf. Sowohl das Dritte Reich als auch die DDR sind als totalitäre Staaten zu charakterisieren; ihre wichtigsten Merkmale waren ein totaler Machtanspruch der Partei, gegründet auf eine antiliberale und pseudodemokratische Heilslehre und verbreitet durch einen sehr entwickelten und indoktrinierenden Propagandaapparat, die Gleichschaltung des gesamten politischen und gesellschaftlichen Lebens und eine zentrale Rolle des Unterdrückungsapparates der Sicherheitsdienste, der als verlängerter Arm von Staat und Partei politische Widersacher verfolgte. Das Totalitarismuskonzept, entstanden in den zwanziger Jahren und verbreitet im Kalten Krieg,[1] ist nicht unumstritten geblieben, da es – so seine Kritiker – die Gemeinsamkeiten von Nationalsozialismus und Kommunismus zu sehr betone und die großen ideologischen Unterschiede dabei aus den Augen verliere. Auf diese und andere Unterschiede zwischen den beiden Ideologien wird im zweiten Kapitel näher eingegangen. Hier geht es um die Feststellung, daß zwischen der Machtstruktur des Dritten Reiches und derjenigen der DDR Übereinstimmungen bestehen. Daraus ergibt sich die Frage nach Parallelen im post-totalitären Umgang mit der braunen und der roten Diktatur.

Ein zweiter Grund für eine vergleichende Untersuchung liegt darin, daß in der gegenwärtigen Diskussion in vielfältiger Weise über „die doppelte Vergangenheit“ gesprochen wird. Zum wiederholten Mal wird dabei davon ausgegangen, daß die Bundesrepublik der Konfrontation mit der nationalsozialistischen Vergangenheit aus dem Weg gegangen sei und daß die Fehler der Nachkriegszeit nicht aufs Neue gemacht werden

---

[1] Vgl. in diesem Zusammenhang vor allem das Standardwerk von Hannah Arendt, *The origins of totalitarism*, dessen erste Ausgabe 1951 in New York veröffentlicht wurde. Die deutsche Übersetzung erschien 1955 unter dem Titel *Elemente totaler Herrschaft* in Frankfurt am Main.

dürften.[2] „Wurde die Nazi-Vergangenheit nicht bewältigt, so soll wenigstens die Stasi-Vergangenheit bewältigt werden", so der Aufruf des früheren DDR-Autors Hans Joachim Schädlich, der 1977 in die Bundesrepublik übersiedelte.[3] Dieses oft zu hörende Argument ist kritisch zu sehen, weil der Umgang mit der NS-Vergangenheit nach 1945 nicht mit einer derart simplifizierten Charakterisierung abgetan werden kann. Wenn man auf 50 Jahre *Vergangenheitsbewältigung* im demokratischen Teil Deutschlands zurückblickt, dann braucht man ein kritisches Urteil auf Teilgebieten sicher nicht zu scheuen, aber der westdeutsche Umgang mit der NS-Vergangenheit ist viel konstruktiver und tiefgehender gewesen als häufig behauptet wird. Die Analyse dieser Vergangenheitsbewältigung ist darüber hinaus sinnvoll, weil man Einblick erhält in die Grenzen und Möglichkeiten eines demokratischen Rechtsstaates, eine diktatorische Vergangenheit aufzuarbeiten. Ein solcher Einblick kommt der heutigen Debatte über den Umgang mit der SED-Diktatur mehr zugute als die kritiklose Reproduktion der Legende, daß die Bundesrepublik die NS-Vergangenheit verdrängt habe.

Ein drittes Argument für die gemeinsame Darstellung des Umgangs mit der NS- und der DDR-Vergangenheit läßt sich schließlich aus der Behauptung ableiten, durch die Abrechnung mit der „jüngsten" Vergangenheit werde auch gleich ein Schlußstrich unter die „jüngere" Vergangenheit gezogen.[4] Setze man beide Diktaturen gleich, so die Warnung des Soziologen Jürgen Habermas, würden nicht nur die NS-Verbrechen relativiert, sondern dann werde auch die deutsche Vergangenheit „normalisiert".[5] So wie im *Historikerstreit* von 1986 sieht Habermas in der heutigen Debatte die Gefahr einer Beschönigung des Nationalsozialismus und damit eine drohende Antastung der demokratischen Nachkriegsidentität der Bundesrepublik.[6] Auch in der niederländischen Presse wurde die Furcht geäußert, daß die aktuelle Diskussion über die DDR-Vergangenheit genutzt werde, um durch die Gleichsetzung von nationalsozialistischen und kommunistischen Verbrechen aus dem langen Schatten des Dritten Reiches zu treten. Cees van

---

[2] Vgl. u. a. E. Jäckel, ‚Die doppelte Vergangenheit', in: *Der Spiegel* 1991, Nr. 52, 41; H. J. Schädlich, *Aktenkundig. Mit Beiträgen von Wolf Biermann, Jürgen Fuchs, Joachim Gauck, Lutz Rathenow, Vera Wollenberger u. a.*, Berlin 1992, 19; H. J. Gauck, *Die Stasi-Akten. Das unheimliche Erbe der DDR*, Reinbek bei Hamburg 1992, 93; Cl. Leggewie, H. Meier, ‚Zum Auftakt ein Schlußstrich? Das Bewältigungswerk „Vergangenheit Ost" und der Rechtsstaat', in: C. Stephan (Hg.), *Wir Kollaborateure. Der Westen und die deutschen Vergangenheiten*, Reinbek bei Hamburg 1992, 73.

[3] Schädlich, *Aktenkundig*, 9.

[4] Vgl. Leggewie, Meier, *Auftakt*, 73.

[5] J. Habermas, ‚Was bedeutet „Aufarbeitung der Vergangenheit" heute? Bemerkungen zur „doppelten Vergangenheit"', in: ders., *Die Moderne – ein unvollendetes Projekt. Philosophisch-politische Aufsätze 1977–1992*, Leipzig ²1992; auch erschienen unter dem Titel ‚Bemerkungen zu einer verworrenen Diskussion', in: *Die Zeit*, 3.4.1992.

[6] Vgl. zum *Historikerstreit* die Ausführungen und Literaturhinweise in Kapitel 3.

Lotringen, Korrespondent für *Het Parool* in Bonn, spricht sogar von „bösen Zungen", die behaupteten, daß die vom Bundestag eingesetzte Enquete-Kommission zur „Aufarbeitung der Geschichte und der Folgen der SED-Diktatur" den Auftrag habe, auf derartige Ergebnisse hinzuarbeiten. Und er prophezeit: „Die Versuche Bonns, die Seiten über die Nazi-Vergangenheit ein für allemal umzublättern, um sich so mehr politischen Handlungsspielraum zu verschaffen, haben gute Erfolgschancen."[7] Selbstverständlich ist in der Bundesrepublik eine Debatte über die Notwendigkeit einer neuen Rolle in der internationalen Politik in Gang gekommen, und es läßt sich nicht bestreiten, daß manche in diesem Zusammenhang die Last der nationalsozialistischen Vergangenheit mit abschütteln wollen. Aber durch solche simplen Beschuldigungen an die Adresse „Bonns", unterstützt durch unsinnige Verdächtigungen gegenüber der Enquete-Kommission, werden Mythen geschaffen, die eine sachliche Auseinandersetzung über die doppelte diktatorische Vergangenheit nur blockieren. Auch um eine solche Trübung der Debatte zu vermeiden, ist eine nüchterne Analyse des Umgangs mit der DDR-Diktatur und der Rolle, die die nationalsozialistische Vergangenheit darin spielt, notwendig.

„Vergangenheitsbewältigung"

Überblickt man die aktuelle Diskussion über die DDR-Vergangenheit, so kann es keinen Zweifel geben: Deutschland steht erneut im Bann der *Vergangenheitsbewältigung*. Bis 1989 war dieser Begriff ein Synonym für den westdeutschen Umgang mit der nationalsozialistischen Vergangenheit, inzwischen bezieht man ihn sowohl auf das Dritte Reich als auch auf die DDR. Journalisten, Politiker, Wissenschaftler verschiedener Couleur und andere Teilnehmer an der Debatte über die sozialistische Diktatur gebrauchen das Wort so häufig, daß man der Bemerkung des Historikers Michael Wolffsohn Recht geben kann, *Vergangenheitsbewältigung* sei inzwischen zu einem Schlüsselwort für ganz Deutschland geworden.[8] Ein problematisches Schlüsselwort, wie man hinzufügen muß. Es erhebt sich sogar die Frage, ob es nicht ratsam wäre, den Begriff aus dem Sprachgebrauch zu streichen, da er mehr Verwirrung als Klarheit schafft.

Zunächst ist der Begriff selbst eine *contradictio in terminis*, denn er suggeriert, daß eine Verarbeitung der Vergangenheit möglich ist und daß sie danach als erledigt zur Seite geschoben werden kann. In bezug auf den Umgang mit dem Dritten Reich ist eher das

---

[7] C. van Lotringen, ‚Afrekenen met de DDR', in: *Intermediair*, 17. Juli 1992.

[8] M. Wolffsohn, *Keine Angst vor Deutschland!*, Frankfurt am Main, Berlin 1992 (aktualisierte und erweiterte Auflage), 78; vgl. auch seinen Aufsatz ‚Umkehr statt Rache zur Verhinderung der Wiederkehr oder brauchen wir eine neue Vergangenheitsbewältigung?', in: A. Schönherr (Hg.): *Ein Volk am Pranger. Die Deutschen auf der Suche nach einer neuen politischen Kultur*, Berlin 1992, 159.

Umgekehrte der Fall: Die Konfrontation mit den Taten dieses Regimes und der Versuch ihrer Erklärung führen gerade *nicht* zum sprichwörtlichen Schlußstrich unter die Vergangenheit. Zu Recht betonte Bundestagspräsident Philipp Jenninger in seiner inhaltlich ausgezeichneten, aber rhetorisch tragisch mißglückten Rede vom 10. November 1988 anläßlich des fünfzigsten Jahrestags des Gedenkens an die sogenannte *Reichskristallnacht*, daß „[...] was immer in der Zukunft geschehen oder von dem Geschehenen in Vergessenheit geraten mag: An Auschwitz werden sich die Menschen bis an das Ende der Zeiten als einen Teil unserer, der deutschen Geschichte erinnern." Es müsse das Ziel sein, so Jenningers Aufruf, „[...] die Erinnerung wachzuhalten und die Vergangenheit als Teil unserer Identität anzunehmen". Nicht um „mit der Vergangenheit ‚endlich Schluß' zu machen" – dieses Verlangen nannte er ebenso sinnlos, wie seine Realisierung unmöglich sei –, sondern um sowohl in der Innen- als auch der Außenpolitik weiterhin Konsequenzen aus der NS-Vergangenheit ziehen zu können.[9] Allgemein formuliert: Der Umgang mit der Vergangenheit ist kein endlicher, sondern ein kontinuierlicher Prozeß, auch wenn sich dessen Form und Inhalt im Lauf der Zeit verändern. So gesehen ist *Vergangenheitsbewältigung* sogar ein ahistorischer Begriff, der einen ähnlich unglücklichen Beigeschmack hat wie der der *Wiedergutmachung* an den Opfern des Genozids und der Diktatur: Als ob die Geschichte durch moralische oder materielle Gesten abgestreift oder sogar ungeschehen gemacht werden könnte.

Ein zweites mit dem Begriff der *Vergangenheitsbewältigung* zusammenhängendes Problem ist die implizierte Vorstellung, es gebe ein allgemein gültiges und zeitloses Rezept für den Umgang mit der NS- und der DDR-Vergangenheit. Aber *was* genau zu verarbeiten ist, *wie* das zu geschehen hat und *welche* Maßstäbe zu beachten sind, bleibt unklar.[10] Darüber kann der Begriff auch nichts Konkretes aussagen, da der Umgang mit der Vergangenheit sowohl ein individueller als auch ein kollektiver Prozeß ist, der verschiedene, sich im Lauf der Zeit verändernde und nicht objektive Maßstäbe hat. Der Begriff abstrahiert nicht nur vom Grad der persönlichen Schuld der betroffenen Zeitgenossen, sondern es bleibt auch außer acht, daß sich die Verarbeitung von problematischen Abschnitten der nationalen Geschichte für verschiedene Generationen nicht auf dieselbe Art und Weise vollziehen kann. Hinsichtlich des Umgangs mit dem Dritten Reich fällt zum Beispiel ins Auge, daß für die protestierenden Studenten der sechziger

---

[9] Vgl. A. Laschet, H. Malangré (Hg.), *Philipp Jenninger: Rede und Reaktion*, Aachen, Koblenz 1989; vgl. zu einer Analyse dieser Rede und zu den Reaktionen in der niederländischen Presse auch die Studie von T. Ensink und A. Oussaïd, *Jenninger: de ontvangst van een Duitse rede in Nederland. Een tekstwetenschappelijke en communicatiewetenschappelijke analyse*, Amsterdam 1992.

[10] Vgl. P. Reichel, ‚Vergangenheitsbewältigung als Problem unserer politischen Kultur', in: J. Weber, P. Steinbach (Hg.): *Vergangenheitsbewältigung durch Strafverfahren? NS-Prozesse in der Bundesrepublik Deutschland*, München 1984, 147 sowie R.M. Müller, *Normal-Null und die Zukunft der deutschen Vergangenheitsbewältigung*, Schernfeld 1994, 65 ff.

Jahre die NS-Vergangenheit ein Bestandteil des Generationskonflikts und des Kampfes gegen das Establishment war. Für die heutige Jugend in Deutschland ist diese Vergangenheit dagegen eher die problematische Geschichte ihrer Großeltern oder Urgroßeltern.

Gerade weil *Vergangenheitsbewältigung* nicht scharf zu umreißen ist – und das ist das dritte Problem –, eignet sie sich für eine sehr subjektive Füllung und damit auch für vereinfachte Schlußfolgerungen, politische Unterstellungen und unsachliche Diskussionen. „Man könnte es sich leicht machen", schrieb z. B. Hermann Langbein 1963 über die Prozesse gegen die NS-Verbrecher: „Man suche eine Reihe von Prozessen heraus, die mit einem unbefriedigenden Urteil geendet haben – man würde nicht lange suchen müssen –, und wettert dann über die Justiz in Deutschland und deren Verseuchung durch unbelehrbare Nazis. Sicherlich würde eine solche Darstellung honoriert werden. Sie wäre aber einseitig. Also muß sie abgelehnt werden."[11] Sucht man analog hierzu nach ehemaligen NSDAP-Funktionären, die in der Bundesrepublik hohe politische und gesellschaftliche Positionen innehatten – und auch hier bräuchte man nicht lange zu suchen –, dann könnte man eine ähnlich einseitige Schlußfolgerung ziehen. Ergänzt man diese Reihe schließlich mit Zitaten wie dem von Franz Josef Strauß, das deutsche Volk habe angesichts seiner großen ökonomischen Leistungen das Recht, „von Auschwitz nichts mehr hören zu wollen",[12] dann sammelt sich sehr schnell viel „Beweismaterial" für Ralph Giordanos These von der „zweiten Schuld" Deutschlands: der „Verdrängung und Leugnung" der NS-Verbrechen in der Bundesrepublik.[13] Kurz gesagt: Ist man darauf aus, eine solche Diagnose zu stellen, dann braucht man sich nur wenig Mühe zu machen, um *Das große Schweigen* an den Pranger zu stellen.[14]

Das Problem ist aber, daß für die umgekehrte Behauptung genausoviel – und vielleicht sogar mehr – spricht. Hat der Politologe Hans-Peter Schwarz nicht recht, wenn er behauptet, daß im zwanzigsten Jahrhundert in keinem anderen Land im Auftrag der eigenen Regierung, während einer so langen Zeit und so intensiv durch das eigene Volk begangene Verbrechen verfolgt wurden?[15] Betrachtet man das Grundgesetz der Bundesrepublik, die antitotalitären Zielsetzungen und die Wurzeln der Nachkriegsdemokratie,

---

[11] Zitiert bei P. Steinbach, *Nationalsozialistische Gewaltverbrechen. Die Diskussion in der deutschen Öffentlichkeit nach 1945*, Berlin 1981, 8.

[12] Zitiert bei Chr. Meier, *Vierzig Jahre nach Auschwitz. Deutsche Geschichtserinnerung heute*, München 1990, 129. „Offenbar macht Arbeit noch immer frei", fügt Meier zynisch hinzu.

[13] Vgl. R. Giordano, *Die zweite Schuld oder von der Last Deutscher zu sein*, Hamburg, Zürich 1987, 11.

[14] G. von Arnim, *Das große Schweigen. Von der Schwierigkeit mit der Vergangenheit zu leben*, München 1991.

[15] Zitiert bei P. Dudek, „Vergangenheitsbewältigung". Zur Problematik eines umstrittenen Begriffs', in: *Aus Politik und Zeitgeschichte*, B 1–2/1992, 49.

muß man dann nicht zu dem Schluß kommen, daß die Erinnerung an die NS-Vergangenheit in die Fundamente der Bundesrepublik „eingebrannt“ ist?[16] Weisen der Wiedergutmachungsvertrag mit Israel (1952), der Besuch von Bundespräsident Gustav Heinemann im Holländischen Theater in Amsterdam (1969) und der Kniefall Willy Brandts im ehemaligen Warschauer Ghetto (1970) – um nur einige Beispiele zu nennen – nicht in dieselbe Richtung? Nirgendwo auf der Welt, stellt der französische Politologe Alfred Grosser zu Recht fest, hat sich eine Gemeinschaft so intensiv und bereitwillig mit der dunklen Seite ihrer Vergangenheit beschäftigt und deren zentrale Stellung in der Gegenwart so akzeptiert wie in Deutschland.[17]

Vor dem Hintergrund der obigen Überlegungen hat man dann auch allen Grund, den Begriff der *Vergangenheitsbewältigung* beiseite zu legen. Die fehlenden klaren Maßstäbe für eine Antwort auf die Frage, ob die NS-Vergangenheit verdrängt oder verarbeitet worden ist, führen zu dem Schluß, daß diese Frage selbst für die Forschung ungeeignet ist. Auch für den Umgang mit der DDR-Vergangenheit werden solche Maßstäbe für „Verdrängung“ oder „Verarbeitung“ nicht aufgestellt werden können.

Zufriedenstellende Aussagen über den Umgang mit beiden Diktaturen sind nur möglich, wenn man diese in ihrem historischen Kontext präsentiert und dabei sowohl deren Vielseitigkeit als auch ihren prozeßhaften Charakter im Auge behält. Nur so ergeben sich Einsichten in den veränderten Zusammenhang zwischen Geschichtsbildern, Identität und Politik. Das bedeutet konkret, daß die vielen Gebiete, auf denen dieser Umgang stattgefunden hat und stattfindet, in ihrer Kontinuität betrachtet werden müssen. Dabei geht es nicht nur um die erwähnten Aspekte wie die Bestrafung der Schuldigen, Rehabilitation von und Schadenersatz für die Opfer, Säuberung des Regierungs- und Verwaltungsapparates und die historische Erforschung von Entstehung, Entwicklung und Charakter der untergegangenen Diktatur.[18] Ebenso muß dem Verlauf der gesellschaftlichen Debatte, der politischen Bildung, der Einrichtung historischer Museen und Gedenkstätten Aufmerksamkeit gewidmet werden. Wichtig ist außerdem das Bewußtsein dafür, daß es stets die politischen und intellektuellen Eliten sind, die den Diskussionen über die Vergangenheit Richtung und Inhalt geben. Ihre Visionen bieten Einsicht in das gesellschaftliche Klima und die politische Identität. Dennoch lassen sie keine Aussagen über die öffentliche Meinung zu. Die sind nur möglich auf Grund von Meinungsumfragen, auch wenn man bei deren Bewertung stets vorsichtig sein muß. Abschließend

---

[16] Vgl. Meier, *Jahre*, 60, 93; vgl. außerdem: P. Graf Kielmansegg, *Lange Schatten. Vom Umgang der Deutschen mit der nationalsozialistischen Vergangenheit*, Berlin 1989.

[17] A. Grosser, *Verbrechen und Erinnerung. Der Genozid im Gedächtnis der Völker*, München 1993, 147.

[18] Vgl. Dudek, ‚*Vergangenheitsbewältigung*‘, 45; E. Jesse, ‚Vergangenheitsbewältigung‘, in: W. Weidenfeld, R. Korte (Hg.): *Handwörterbuch zur deutschen Einheit*, Frankfurt am Main 1992, 716; ders., ‚„Vergangenheitsbewältigung“ in der Bundesrepublik Deutschland‘, in: *Der Staat* 26 (1987), 552.

– ohne übrigens vollständig zu sein – muß das Deutschland der Nachkriegszeit in der Entwicklung seiner Beziehungen zu den ehemaligen Gegnern aus dem Zweiten Weltkrieg und zu Israel betrachtet werden, denn auch in der bundesdeutschen Außenpolitik zeigte sich immer wieder – und zeigt sich bis heute – die Nachwirkung dieses Krieges.

In der vorliegenden Untersuchung können nicht alle genannten Teilgebiete gleich ausführlich analysiert werden. Einige werden nur kurz berührt. Es geht in erster Linie darum, einen Einblick in die Vielseitigkeit und Kontinuität des Umgangs mit der NS-Vergangenheit im Westen Deutschlands seit 1945 zu geben. Zweitens soll eine Übersicht geboten werden über den Umgang mit der DDR-Vergangenheit seit 1989/90, wobei Übereinstimmungen und Unterschiede in der Konfrontation mit den beiden Diktaturen aufgezeigt werden. Die übergeordnete Frage ist die nach den Grenzen und Möglichkeiten eines demokratischen Rechtsstaates bei der politischen, gesellschaftlichen und juristischen Aufarbeitung einer totalitären Vergangenheit. Das bedeutet, daß nur am Rande auf den Umgang der DDR mit der NS-Vergangenheit eingegangen wird. Ausgangspunkt ist der parlamentarisch-demokratische Rechtsstaat mit freien Wahlen, Gewaltenteilung und einer offenen politisch-gesellschaftlichen Debatte, in der keine Rede von einer von oben oktroyierten Sicht auf Vergangenheit, Gegenwart und Zukunft ist, wie das in der DDR der Fall war.

2. Ein Vergleich von Diktaturen?

Die zentrale Kontroverse des Historikerstreits war die Frage nach der historischen Einzigartigkeit des Mordes an den Juden durch die Nationalsozialisten. Wenn dieser millionenfache Mord mit anderen Massenmorden aus der Geschichte in Verbindung gebracht und verglichen würde, so die Angst, dann würde die Shoah relativiert. Vor dem Hintergrund des unsinnigen Kausalzusammenhangs, den Ernst Nolte zwischen dem Mord an Millionen sowjetischer Bürger unter Stalin und der Shoah konstruierte – er präsentierte den ersten als das Original und den zweiten als dessen Kopie –, mag eine solche Angst zu erklären sein. Andererseits gibt es keinerlei geschichtswissenschaftliche Einwände gegen einen Vergleich der Shoah mit den stalinistischen Morden, ebensowenig wie gegen einen Vergleich mit dem Mord an den Armeniern durch die Türken während des Ersten Weltkriegs oder mit den Verbrechen des Pol-Pot-Regimes in Kambodscha in den siebziger Jahren. In diesem Zusammenhang hat Alfred Grosser ein ebenso einfaches wie überzeugendes Argument vorgebracht: „Von einem Gegenstand oder einem Ereignis zu sagen, sie seien unvergleichbar, heißt [...], daß man sie schon verglichen hat und zu dem Schluß gekommen ist, daß sie in ihrer Vortrefflichkeit oder in ihrem Grauen radikal anders sind. Die Andersheit, selbst die radikale, kann nur rechtmäßig behauptet werden, nachdem sie festgestellt wurde, festgestellt durch den Vergleich."[19] „Unvergleichbar", so noch einmal Grosser, sei eines der „dümmsten Wörter", die es gebe.[20] Die Furcht, daß durch den Vergleich die Einmaligkeit der einen oder anderen Diktatur aus dem Blickfeld gerät, kann als unbegründet zurückgewiesen werden. Eher verhält es sich so, wie Horst Möller es ausgedrückt hat: „[...] gerade die Unterschiede, die Singularität, die jede Diktatur und jede historische Epoche kennzeichnen, werden durch den Vergleich erst systematisch herausgearbeitet."[21]

Vergleichen bedeutet schließlich nicht Gleichsetzen, sondern die Feststellung von Übereinstimmungen und Unterschieden.[22] So ist es auch mit dem Vergleich zwischen dem Nationalsozialismus des Dritten Reiches und dem real existierenden Sozialismus der DDR. Das in der Einleitung bereits erwähnte Totalitarismuskonzept findet seit 1989/90 in der Politikwissenschaft neues Interesse.[23] Mit der Détente zwischen Ost und

---

[19] Grosser, *Verbrechen*, 45–96; vgl. für das Zitat 46.

[20] A. Grosser, ‚Verbrechen und Erinnerung. Für eine Politik der Mitverantwortung', in: Rauschenbach (Hg.), *Erinnern*, 64.

[21] H. Möller, ‚Die Geschichte des Nationalsozialismus und der DDR: ein (un)möglicher Vergleich?', in: K. Sühl (Hg.), *Vergangenheitsbewältigung 1945 und 1989. Ein unmöglicher Vergleich?* Berlin 1994, 132.

[22] Vgl. auch die anderen Beiträge in Sühl (Hg.), *Vergangenheitsbewältigung.*

[23] Vgl. u. a. E. Jesse, ‚War die DDR totalitär?', in: *Aus Politik und Zeitgeschichte* B 40/94, 12–23.

West hatte die Totalitarismus-Theorie in den sechziger und siebziger Jahren viel an Popularität eingebüßt und teilweise Platz gemacht für Betrachtungen über das Aufeinanderzuwachsen der beiden Systeme (Konvergenz-Theorie). Die Hoffnung auf eine Annäherung zwischen Ost und West nahm manchen teilweise, anderen sogar vollständig die Sicht auf die Wirklichkeit des real existierenden Sozialismus. So bekam die schwindende Anhängerschaft der Totalitarismus-Theorie – sei es im Gefolge der Entspannungseuphorie, sei es aus Erwägungen der politischen Opportunität („die Entspannung nicht gefährden") – den Stempel von Kalten Kriegern aufgedrückt. Im Rahmen dieser Untersuchung ist eine ausführliche Betrachtung des Verlaufs dieser Debatte nicht angebracht. Hervorzuheben ist aber, daß mit dem Untergang des Sozialismus in Osteuropa und der allmählichen Öffnung der Archive dieser Staaten die Möglichkeit entstanden ist, Übereinstimmungen und Unterschiede zwischen den totalitären Staatsformen mit größerer Genauigkeit zu analysieren. Aufbau und Funktionsweise des Unterdrükkungsapparates, die Macht- und Entscheidungsstrukturen innerhalb des Staatsapparates, die Rolle der Ideologie und Propaganda, die Haltung der Bevölkerung gegenüber dem politischen System: Im ehemaligen Ostblock ist ein Forschungsfeld zugänglich geworden, das zu neuer Aufmerksamkeit für das Konzept des Totalitarismus einlädt.

Eine neue Würdigung und Verfeinerung der Totalitarismus-Theorie impliziert selbstverständlich auch Aufmerksamkeit für die Unterschiede zwischen den totalitären Diktaturen. Im Rahmen dieser Studie sind sieben Unterschiede zwischen dem Dritten Reich und der DDR zu nennen.

Der erste und sehr grundsätzliche Unterschied ist, daß Deutschland unter Hitler einen Eroberungskrieg entfesselte und einen Völkermord mit Millionen Opfern beging. Ebensowenig wie das Dritte Reich war die DDR ein Rechtsstaat, aber einen Massenmord auf rassistischer, antisemitischer oder anderer Grundlage hat sich der ostdeutsche Staat nicht zu Schulden kommen lassen. Hierin liegt übrigens auch ein Unterschied zwischen der Sowjetunion und der DDR, die trotz der mehr als achthundert Toten bei Fluchtversuchen[24], trotz der Mißhandlungen in den Gefängnissen und der politischen Prozesse nie den umfangreichen Terror des sowjet-russischen Stalinismus gekannt hat.[25]

Ein zweiter Unterschied zwischen dem Dritten Reich und der DDR ist die Lebensdauer der beiden totalitären Systeme. Das „tausendjährige Dritte Reich" existierte zwölf Jahre, von denen es beinahe die Hälfte der Zeit Krieg führte. Die DDR hat vierzig Jahre

---

[24] Nach einer Schätzung der *Arbeitsgemeinschaft 13. August* sind insgesamt 368 Menschen an der innerdeutschen Grenze und 244 an der Mauer in Berlin umgekommen. Die übrigen Opfer kamen an anderen DDR-Grenzen und auf den Transit-Strecken zu Tode. Vgl. ‚807 Menschen auf der Flucht gestorben', in: *Berliner Zeitung*, 12. August 1994.

[25] E. Jäckel, ‚Die doppelte Vergangenheit', in: *Der Spiegel*, 1992, Nr.52, 41; vgl. auch ders., *Die zweifache Vergangenheit. Zum Vergleich politischer Systeme*, Bonn 1992 (Forschungsinstitut der Friedrich-Ebert-Stiftung).

bestanden und war Teil einer europäischen Ordnung mit einem scheinbar dauerhaften und friedlichen Charakter. In den frühen fünfziger Jahren sahen viele, sowohl innerhalb als außerhalb Deutschlands, den ostdeutschen Staat noch so, wie die Bundesrepublik sich selbst sah, nämlich als Provisorium. Im Lauf der fünfziger Jahre wuchs dann das Bewußtsein, daß das geteilte Deutschland Teil eines europäischen Status quo sei, der höchstens durch einen neuen Krieg durchbrochen werden könne. Der Bau der Mauer 1961 war dann der sichtbare Beweis dafür, und in den darauf folgenden Jahrzehnten gewöhnte man sich in Ost und West an die Existenz der DDR. Anders als im Dritten Reich wuchsen in der DDR mehrere Generationen auf, die kein anderes politisches System aus eigener Erfahrung kannten und auch nicht mehr damit rechneten, jemals noch eines zu erleben. Der Aufstand vom Juni 1953 und der Bau der Mauer, aber auch die Ereignisse in Ungarn und Polen (1956), in der Tschechoslowakei (1968) und erneut in Polen (1981) bestätigten stets aufs Neue, daß die Chance für politische Reformen minimal war. Das war im nationalsozialistischen Deutschland zwar nicht anders, aber damals konnte man noch auf ein Ende des Krieges hoffen und darauf, daß eine Nachkriegskonstellation zu Veränderungen führen würde.

Hinzu kommen – und das ist der dritte Unterschied – die ganz anderen Lebensumstände unter den beiden Diktaturen. Die zwölf Jahre des Dritten Reiches sind mit der *nationalen Erhebung* von 1933 und dem darauf in relativ kurzem Abstand folgendem Krieg und der Niederlage praktisch als ein permanenter Ausnahmezustand anzusehen. Die DDR dagegen befand sich zwar in einer durchgängigen Legitimitätskrise und konnte nur durch Repression fortbestehen, aber das alltägliche Leben in der DDR verlief viel normaler als im Deutschland des Dritten Reiches. „Wir brauchen die genaue und authentische Erinnerung an die Zeit vor dem Herbst 1989", so der Berliner Theologe Richard Schröder, „auch an die ‚Normalität' jener Zeit."[26] Kennzeichnend für das Leben in der DDR war die strikte Trennung von öffentlichem und politischem Leben einerseits und dem Privatleben andererseits. Viele nahmen ohne Überzeugung an den vom Regime organisierten Massenmanifestationen teil und lernten ihre verpflichtete marxistisch-leninistische Lektion, aber das wirkliche Leben spielte sich relativ ungestört in der Geschlossenheit des Familien- und Freundeskreises ab, in den sogenannten *Nischen* der Gesellschaft. Im Dritten Reich fehlten solche *Nischen* zwar nicht, aber stärker als in der DDR wurde von den Bürgern die totale Hingabe an den Staat gefordert. Und

---

[26] R. Schröder, *Deutschland schwierig Vaterland. Für eine neue politische Kultur*, Freiburg im Breisgau 1993, 110; vgl. F. Meyer-Gosau, ‚Deutsche Biographien, deutsche Karrieren. Zum gegenwärtigen Umgang mit der jüngsten Vergangenheit', in: H. L. Arnold, F. Meyer-Gosau (Hg.), *Die Abwicklung der DDR*, Göttingen 1992, 87.

selbst wenn nach 1933 für viele das tägliche Leben normal weitergegangen war, konnte davon zwischen 1939 und 1945 nicht mehr die Rede sein.[27]

Letzteres hängt auch mit einem vierten Unterschied zusammen, nämlich der entgegengesetzten ideologischen Basis der beiden Regime. Der Nationalsozialismus war von Anfang an mit seiner angestrebten *Volksgemeinschaft* mit dem *Führer* an der Spitze eine Mischung aus rassistischem *Blut-und-Boden*-Nationalismus, Antisemitismus, aufklärungsfeindlichen Ideen und einer aggressiven *Lebensraum*-Philosophie. Die Wurzeln des Sozialismus liegen dagegen im humanistischen Boden der Aufklärung und des Marxismus. Hiermit sei nicht behauptet, daß der Sozialismus der DDR „eine gute Idee war, die nur schlecht ausgeführt wurde", wie manche meinen. Immerhin war mit der marxistisch-leninistischen Ideologie der DDR die Demokratie zielbewußt über Bord geworfen und damit der Weg in den totalitären Staat freigemacht worden. In ideologischer Hinsicht berief man sich aber weiterhin auf die humanistischen Ideale, und darin unterschied sich der real existierende Sozialismus vom nihilistischen Nationalsozialismus. Die antifaschistische Grundlage der DDR mag in zunehmendem Maße eine leere Hülle gewesen sein, die häufig nicht mehr Wert als propagandistische Platzpatronen hatte – die Bezeichnung der Mauer als „antifaschistischer Schutzwall" soll hier als illustratives Beispiel genügen –, es wäre aber unzutreffend, alle Äußerungen der Abkehr vom Nationalsozialismus ausschließlich unter diesem Gesichtspunkt zu betrachten. „Der Antifaschismus der DDR", so der Berliner Historiker Wolfgang Benz 1992, „war [...] doch nicht nur Instrument und Ritual, sondern darüber hinaus auch Überzeugung und Haltung, die bewahrt werden muß, die jetzt nicht aus Enttäuschung und Resignation verloren gehen darf."[28] Es disqualifiziert die DDR aber in politischer und moralischer Hinsicht, daß sie von Beginn an den Bruch mit der Vergangenheit auf diktatorische Weise forcierte und durch ein von oben auferlegtes Geschichtsbild Übereinstimmungen mit ihrem ideologischen Gegenpol zeigte.

Ein fundamentaler Unterschied ist fünftens, daß Hitler und der Nationalsozialismus bis weit in den Krieg hinein auf die massive Unterstützung durch die deutsche Bevölkerung rechnen konnten. Das nationalsozialistische Regime war ein auf deutschem Boden gewachsenes Produkt, das erst nach einer großen internationalen Kraftanstrengung unterging. In der DDR betonte die SED zwar fortwährend ihre Massenbasis, aber in Wirklichkeit hat sie die nie besessen. Der Sozialismus der DDR, ja der ostdeutsche Staat selbst war in seinem Bestehen völlig abhängig von der *brüderlichen Freundschaft* mit der Sowjetunion, mit der die DDR sich „für alle Zeiten und unwiderruflich" verbunden

---

[27] Vgl. P. Stoop, ‚De totalitaire illusie. Het „Derde Rijk" 1933–1945', in: J. C. Hess, F. Wielenga (Hg.), *Duitsland en de democratie 1871–1990*, Amsterdam 1992, 140.

[28] W. Benz, ‚Die Geschichte wiederholt sich nicht. Versuch einer Ortsbestimmung', in: Arnold, Meyer-Gosau, *Abwicklung*, 39; vgl. U. Herbert, O. Groehler, *Zweierlei Bewältigung: Vier Beiträge über den Umgang mit der NS-Vergangenheit in den beiden deutschen Staaten*, Hamburg 1992, 20–22; 29 ff.

erklärt hatte.[29] Diese Abhängigkeit hatte sich bereits 1953 in aller Deutlichkeit gezeigt, als im Juni massive Streiks und Protestdemonstrationen stattfanden, auf denen sehr schnell die Forderung nach freien Wahlen gestellt wurde. Nach einer neueren vorsichtigen Schätzung gaben eine halbe Million DDR-Bürger, verstreut über mindestens 450 Orte, ihrer Unzufriedenheit mit dem SED-Regime Ausdruck. Sowjetische Panzer machten am 17. Juni 1953 diesen massiven Demonstrationen ein Ende. „Hätten die Russen nicht eingegriffen", berichtete der britische Stadtkommandant in Berlin hinterher dem *Foreign Office* in London, „bestünde für mich kein Zweifel daran, daß die DDR inzwischen untergegangen wäre."[30] Auch auf andere Weise zeigte sich, daß das SED-Regime auf keine ausreichende Verankerung in der Bevölkerung rechnen konnte. In den fünfziger Jahren kehrten ungefähr 2,7 Millionen Ostdeutsche der DDR den Rücken, indem sie in die Bundesrepublik gingen. Die DDR drohte auszubluten, und erneut konnte nur eine Notmaßnahme den Staat vor dem drohenden Untergang retten: der Bau der Mauer am 13. August 1961. Seitdem ruhte die Stabilität der DDR auf zwei Pfeilern, nämlich der sowjetischen Anwesenheit und der hermetischen Abschottung in Richtung Westen.

Dieser Unterschied zwischen dem Dritten Reich und der DDR wird auch sichtbar, wenn man den Umfang der *Geheimen Staatspolizei* (*Gestapo*) im nationalsozialistischen Deutschland mit dem der *Stasi* in der DDR vergleicht. Die *Gestapo* zählte angesichts einer deutschen Gesamtbevölkerung von knapp 70 Millionen einige tausend Mitarbeiter, die *Stasi* beschäftigte für 17 Millionen Bürger rund 100 000 fest angestellte und der neuesten Statistik für die Jahre 1983–1988 zufolge durchschnittlich ca. 110 000 inoffizielle Mitarbeiter (IM), die für kleine materielle oder immaterielle Gegenleistungen Nachbarn, Freunde oder andere bespitzelten.[31] Aller offiziellen Rhetorik über die Massenbasis des Regimes zum Trotz wußte die SED nur allzu gut, daß die Bevölkerung in Wirklichkeit nicht hinter ihr stand und daß sie in letzter Instanz auf Einschüchterung und Unterdrückung angewiesen war.

---

29 So die Formulierung in Artikel 6, Absatz 2 der Verfassung von 1974. Vgl. ausführlich: G. Zieger, *Die Haltung von SED und DDR zur Einheit Deutschlands 1949–1987*, Köln 1988, 188 ff.

30 Zitiert bei K.-H. Janßen, ‚Die Revolution aus dem Stegreif', in: *Die Zeit*, 18. Juni 1993; vgl. auch: M. Gehler, ‚Der 17. Juni aus der Sicht des Foreign Office', in: *Aus Politik und Zeitgeschichte*, B 25/1993, 22–31 sowie ausführlich zum 17. Juni: A. Mitter, S. Wolle, *Untergang auf Raten. Unbekannte Kapitel der DDR-Geschichte*, Berlin 1993, 27–162.

31 Die Zahl der festen Mitarbeiter nahm von 1972 bis 1989 um ca. 3000 pro Jahr zu und verdoppelte sich in dieser Zeit von rund 52 000 auf rund 100 000; vgl. Gauck, *Stasi-Akten*, 61 sowie für die Zahl der IM: H. Müller-Enbergs, *IM-Statistik 1985–1989* (Der Bundesbeauftragte für die Unterlagen des Staatssicherheitsdienstes der ehemaligen Deutschen Demokratischen Republik, BF informiert 3/1993); vgl. des weitern ausführlich: D. Gill, U. Schröter, *Das Ministerium für Staatssicherheit. Anatomie des Mielke-Imperiums*, Berlin 1991.

Der Untergang der beiden Diktaturen rief in der deutschen Bevölkerung dann auch völlig verschiedene Reaktionen hervor, und damit wird ein sechster Unterschied zwischen dem Dritten Reich und der DDR sichtbar. 1945 war eine „totalitäre Illusion"[32] beendet, an die Millionen Deutsche geglaubt hatten. „Für die meisten Deutschen", stellte der Politologe Iring Fetscher aus eigener Erinnerung fest, „war der 8. Mai 1945 zwar der Tag des Kriegsendes, des Schweigens der Waffen, aber kein Tag, an dem sie Befreiung empfanden."[33] Die meisten Deutschen hatten während des Krieges geglaubt, daß sie der guten Sache des eigenen Landes gedient hatten. „Und nun sollte sich herausstellen", so Bundespräsident Richard von Weizsäcker in seiner berühmten Rede vom 8. Mai 1985, „das alles war nicht nur vergeblich und sinnlos, sondern es hatte den unmenschlichen Zielen einer verbrecherischen Regierung gedient. Erschöpfung, Ratlosigkeit und neue Sorgen kennzeichneten die Gefühle der meisten. Würde man noch eigene Angehörige finden? Hatte ein Neuaufbau in diesen Ruinen überhaupt Sinn?"[34] Die Trümmer wegräumen und neu beginnen war die einzige Devise, aber die Bestimmung der Richtung dieses neuen Beginns war den Deutschen entzogen und lag in den Händen der Besatzungsmächte. Aus Angst vor bewaffnetem Widerstand unbelehrbarer Nationalsozialisten internierten sie einige hunderttausend Deutsche, die ebenso wie andere Teile der Bevölkerung einer gut gemeinten, aber naiv durchgeführten Umerziehungspolitik unterworfen wurden. Die totale Niederlage Deutschlands und des Nationalsozialismus war sichtbar in der alliierten Anwesenheit, fühlbar in der politischen Abhängigkeit und faßbar in den vielen durch die Bombardierungen zerstörten Städten. Die Entwurzelung von Millionen von Menschen und politisch-ideologische Verwirrung bestimmte den Gemütszustand, den die bedingungslose Kapitulation 1945 hervorgebracht hatte.

Der allgemeine Gemütszustand in der DDR 1989/90 war fundamental anders. Keine Gefühle des Zusammenbruchs und der Katastrophe wie 1945, sondern emotionale Befreiungsakte und Euphorie bestimmten das Bild, als im November 1989 die Mauer fiel. Ermutigt durch die gewandelte Politik der Sowjetunion unter Gorbatschow und die Entwicklungen in Polen und Ungarn war es darüber hinaus die ostdeutsche Bevölkerung selbst, die mit der urdemokratischen Losung „Wir sind das Volk" das SED-Regime zur Kapitulation zwang. Auch wenn die hunderttausende von Demonstranten sich noch keine deutliche Vorstellung von der Zukunft machen konnten, war die

---

[32] So der Titel des Beitrags von Paul Stoop über das Dritte Reich in: Hess, Wielenga (Hg.), *Democratie,* 129–148.

[33] I. Fetscher, *Utopien, Illusionen, Hoffnungen. Plädoyer für eine politische Kultur in Deutschland,* Stuttgart 1990, 235; vgl. auch F. Wielenga, „'Stille revolutie" en schijnbare normaliteit. De westerse zones en de Bondsrepubliek 1945–1990', in: Hess, Wielenga (Hg.), *Democratie,* 184.

[34] R. von Weizsäcker, H. Kohl, *Nachdenken über unsere Geschichte. Reden zum vierzigsten Jahrestag des 8. Mai 1945,* hg. vom Presse- und Informationsamt der Bundesregierung, Bonn 1986, S.18.

Richtung deutlich, und die hieß Demokratie. Sicher, im Jahr der deutschen Vereinigung wurde der anfängliche Optimismus schnell überschattet durch den ökonomischen Zusammenbruch der Ex-DDR, während zusätzlich die mühsame Anpassung an die westdeutschen politischen und ökonomischen Standards Gefühle der Unsicherheit, Verwirrung und neuer Unterwerfung aufkommen ließen. Aber die Ernüchterung, die auf die Befreiung folgte, tat dem Wunsch nach Abrechnung mit dem real existierenden Sozialismus, zu der man *selbst* mit der sogenannten friedlichen Revolution den Anstoß gegeben hatte, keinen Abbruch. Mit dem Beitritt zu der politisch stabilen und ökonomisch mächtigen Bundesrepublik war eine Bedrohung der jungen Demokratie von Seiten der früheren Machthaber nicht gegeben, ganz zu schweigen von der Notwendigkeit von Internierungen. Die in *Partei des Demokratischen Sozialismus* (PDS) umgetaufte SED konnte seit 1990 an regionalen und nationalen Wahlen teilnehmen, errang 1994 große Zugewinne und ist in Gemeinderäten, in Landesparlamenten und im Bundestag vertreten. Einige der früheren hohen Parteifunktionäre haben inzwischen viel Geld mit dem Schreiben ihrer Memoiren und Auftritten in Talkshows verdient.

Der Umstand, daß die DDR-Bevölkerung, mit dem Wind des Wandels aus Moskau im Rücken, selbst die Grundlagen für den demokratischen Umbruch legte, bedeutet selbstverständlich keine Garantie für die Zukunft der Demokratie. Die abbröckelnde Unterstützung für die demokratischen Parteien, die Verbreitung rechtsextremen Gedankenguts und die Anschläge auf Ausländer illustrieren den Stimmungsumschwung nach der Euphorie 1989/90. Hier geht es aber um die unterschiedlichen Ausgangspunkte 1945 und 1989/90: Damals mußte die deutsche Bevölkerung für die Demokratie gewonnen werden, nun steht im Vordergrund, daß die in der friedlichen Revolution gezeigte demokratische Grundhaltung nicht verlorengeht und weiter gestärkt wird. Ein damit zusammenhängender Unterschied zu 1945 ist, daß der Westen Deutschlands inzwischen beinahe ein halbes Jahrhundert demokratisch ist und daß es nun nicht um den Aufbau eines neuen demokratischen Systems geht, sondern um die Integration in eine bereits bestehende demokratische politische Kultur.

Schließlich ist ein siebter Unterschied zwischen 1945 und 1989/90 festzustellen: die innere und äußere Position Deutschlands. 1945 hatte Deutschland aufgehört zu bestehen, nach der Vereinigung von 1990 und der Ratifizierung des 2+4-Vertrages im Februar 1991 wurde es uneingeschränkt souverän. Ruhte die Verantwortung für die Demokratisierung, Entmilitarisierung und Entnazifizierung Deutschlands 1945 auf den Schultern der Alliierten, so ist es nach 1989/90 eine interne deutsche Angelegenheit, mit der Vergangenheit abzurechnen. Nach dem Zweiten Weltkrieg erhob sich in den Nachbarländern häufig und für lange Zeit die Frage, ob Deutschland sich wirklich vom Nationalsozialismus abgewandt habe und ob für „Bonn" nicht derselbe Weg wie für „Weimar" im Bereich des Möglichen liege. Eine vergleichbare Frage steht für die Ex-DDR nach 1989/90 nicht an. Hinzu kommt, daß das Nachkriegsdeutschland vor der Notwendigkeit stand, die Beziehungen zu den ehemaligen Gegnern neu zu gestalten. Es bedarf keiner weiteren Ausführung, daß diese Hypothek auf der DDR-Vergangenheit nicht lastet und daß die Rolle der DDR bei der Unterdrückung des „Prager Frühlings“ 1968 oder Honeckers Moskauer Plädoyer für ein militärisches Eingreifen in Polen 1981 ein ganz anderes Gewicht haben.[35] Wenn in den Nachbarländern der deutschen Vereinigung mit gemischten Gefühlen begegnet wurde, hatte das nichts mit der jüngsten, sondern alles mit der jüngeren Vergangenheit zu tun.[36]

Mit den erwähnten Aspekten sind sicherlich nicht alle Unterschiede zwischen dem Dritten Reich und der DDR und zwischen den Ausgangspositionen in den Jahren 1945 und 1989/90 nachgezeichnet.[37] Es war das Ziel dieser knappen Übersicht, zu zeigen, daß die NS- und die DDR-Vergangenheit und die genannten Ausgangsjahre sehr wohl verglichen, aber nicht gleichgesetzt werden können. Der Umfang und die Art der Verbrechen, die Ideologien selbst, das Leben unter den beiden Diktaturen, das Ausmaß der Unterstützung für die beiden Regime und die deutsche innere und äußere Position – diese Stück für Stück fundamentalen Unterschiede müssen bei einem Vergleich zwischen dem Umgang mit der NS- und der DDR-Vergangenheit berücksichtigt werden. Aufgrund dieser Differenzen bietet auch der posttotalitäre Umgang mit beiden Diktaturen ein teilweise stark unterschiedliches Bild.

---

[35] Vgl. L. Prieß, M. Wilke, ‚Die DDR und die Besetzung der Tschechoslowakei am 21. August 1968‘, in: *Aus Politik und Zeitgeschichte* B 36/92, 26–34; Wolle, Mitter, *Untergang*, 367–482.

[36] Vgl. zur Haltung der Nachbarländer R. Fremdling, H. Lodder u. a. (Hg.), *Die überwundene Angst? Die neun Nachbarländer und die deutsche Einheit*, Groningen 1994; vgl. zu den Niederlanden F. Wielenga, ‚Sensibilität und Verwundbarkeit. Die Niederlande und die deutsche Frage‘, in: ebenda, 9–30.

[37] Vgl. auch J. L. Kuppe, ‚Was bei der Aufarbeitung der Vergangenheit zu bedenken ist‘, in: *Deutschland Archiv* 25 (1992) Nr.6, 978–991; Benz, *Geschichte*, 35–39; Sühl (Hg.), *Vergangenheitsbewältigung*.

3. „Unfähigkeit zu trauern“? Die Bundesrepublik und der Nationalsozialismus

1967 erschien das Buch *Die Unfähigkeit zu trauern*[38] des Psychiater-Ehepaares Alexander und Margarete Mitscherlich. Zusammengefaßt lautete ihre Diagnose, daß die deutsche Bevölkerung unmittelbar nach der Kapitulation von 1945 die Verbrechen der vorausgegangenen Jahre zum Selbstschutz aus dem Gedächtnis verbannt habe. Mit dem Tod und der Diskreditierung Hitlers, der den Mitscherlichs zufolge das „Ich-Ideal“ verkörperte, drohte man auch selbst in freien Fall zu geraten. Eine Konfrontation mit der Vergangenheit und den nun in allen Einzelheiten bekannt gewordenen Verbrechen hätte zu einer tiefen psychischen Depression geführt. Um dem zu entgehen, distanzierte man sich wie durch einen Zauberschlag von der Vaterfigur Hitler. Mit dieser Abkehr vom *Führer* verbreitete sich zugleich das Gefühl, mißbraucht und verführt worden zu sein, wodurch man, selbst in der Rolle des Opfers, die Frage nach Schuld und Verantwortung umgehen und alle Schuld auf Hitler projizieren konnte. Auf diese Weise wurden die Bindungen an die Vergangenheit rigoros gekappt, und es fand eine „Derealisierung“ des kurz zuvor noch so realen und durch die Mehrheit der Bevölkerung unterstützten Dritten Reichs statt. Die damit zusammengehende Leugnung der eigenen Motive und die Unterdrückung der Scham- und Schuldgefühle erforderten eine enorme psychische Kraftanstrengung und führten, so die Mitscherlichs, zu einem „psychischen Immobilismus“. Diese Unbeweglichkeit kam nicht nur im konservativen und apolitischen Klima der Zeit zum Ausdruck, sondern auch in der Gefühlsarmut gegenüber den Opfern.[39]

Die Unfähigkeit zu trauern erlebte mehrere Neuauflagen, und der häufig zitierte Titel wurde beinahe zum Synonym für die These, daß die Westdeutschen die nationalsozialistische Vergangenheit verdrängt hätten. Leider hat das in den siebziger und achtziger Jahren „zum Schlagwort ausgewuchtete und fuchtelnde Titel-Zitat“[40] ein selbständiges Leben geführt: Die Diagnose war gestellt, und das Zitieren des Buchtitels, attraktiv durch seine Schlichtheit, schien ausreichend, um deren Richtigkeit stets aufs neue zu reproduzieren. Nicht zufällig ist der Begriff von der „Unfähigkeit zu trauern“ vor allem durch die Generation der Protestbewegung der sechziger Jahre populär geworden. Das Erscheinungsjahr des Buches fiel in dieselbe Periode, in der diese Generation die histori-

---

[38] A. und M. Mitscherlich, *Die Unfähigkeit zu trauern. Grundlagen kollektiven Verhaltens*, München 1967. Es wurde die vierzehnte Auflage (1982) benutzt.

[39] Ebenda, 13–43; vgl. auch Wielenga, *Revolutie*, 191f.

[40] E. Henscheid, ‚Die Unfähigkeit zu trauern oder so ähnlich‘, in: *Frankfurter Allgemeine Zeitung*, 12. Juni 1993.

sche Last des Dritten Reichs in bis dahin unbekannter Eindringlichkeit thematisierte. Aus der Perspektive dieser Generation erschien die zweite Hälfte der sechziger Jahre als die große Wasserscheide im westdeutschen Umgang mit der NS-Vergangenheit. Dabei präsentierte man sich selbst gern als diejenigen, die die durch die Mitscherlichs festgestellte Unfähigkeit zu trauern durchbrachen.[41] Inwiefern dieser Anspruch auf die moralisch bessere Position zu Recht erhoben wurde, wird im folgenden noch zur Sprache kommen. Es geht hier darum, daß der Begriff in zunehmendem Maße den Charakter einer „inquisitorischen Verstockung“[42] bekam. Ohne Ansehen der Person wurde er als Anklage gegen die elterliche Generation gebraucht, und wenn sich diese dagegen widersetzte, war das für die Ankläger umsomehr ein Beweis für die Richtigkeit der Anschuldigung.

Die Popularität der Theorie der Mitscherlichs ist erklärlich, weil sie oberflächlich betrachtet eine plausible Erklärung für eine Anzahl von Aspekten des Umgangs mit dem Dritten Reich bietet. Sie scheint Einsicht in das Verlangen nach einem Schlußstrich unter die Vergangenheit zu verschaffen und eine Erklärung sowohl für das konservative politische Klima der fünfziger Jahre als auch für die Opferrolle nach der Abwendung von der Vaterfigur Hitler zu bieten. Auch für die große Arbeitslust der Nachkriegszeit wird eine scheinbar schlüssige Erklärung gefunden, indem man sie in die Perspektive von Leugnung und Verdrängung einordnet.

Bei der Theorie der „Unfähigkeit zu trauern“ gibt es aber ähnliche Einwände wie bei dem in der Einleitung behandelten Begriff der *Vergangenheitsbewältigung*. Der Psychoanalytiker Tilmann Moser, übrigens ein Schüler der Mitscherlichs, merkte zu Recht an, daß „die Autoren einerseits diagnostizieren, als hätten sie einen Einzelpatienten vor sich, andererseits die Diagnose einem ganzen Volk anhängen, dem sie die Unfähigkeit sich zu ändern, dauernd vorhalten“.[43] Damit zielte er erstens auf die problematische Anwendbarkeit psychoanalytischer Theorien auf ein Kollektiv und zweitens auf die unredliche Position, aus der heraus die Diagnose gestellt wird. Schließlich werde einerseits das deutsche Volk als Patient abgestempelt, und es werde sogar deutlich gemacht, daß das kollektive Krankheitsbild unvermeidlich gewesen sei. Andererseits werde aber keine Therapie für den zur Genesung notwendigen öffentlichen Verarbeitungsprozeß angeboten. Im Gegenteil, so Moser, die Diagnose verkomme bei den Mitscherlichs zu einem „moralischen Knüppel gegen ein [...] Kollektiv, dem kaum noch mildernde Umstände zugebilligt werden. Der verstehende Analytiker wird zum erbarmungslosen Ankläger,

---

[41] Vgl. zu einer derartigen Perspektive u. a. W. Röhrich, *Die Demokratie der Westdeutschen. Geschichte und politisches Klima einer Republik*, München 1988.

[42] T. Moser, ‚Die Unfähigkeit zu trauern: Hält die These einer Überprüfung stand?‘, in: ders., *Vorsicht Berührung. Über Sexualisierung, Spaltung, NS-Erbe und Stasi-Angst*, Frankfurt am Main 1992, 216.

[43] Moser, *Unfähigkeit*, 205.

der seine Wut kaum zu bändigen vermag. Es ist die Umkehrung der psychoanalytischen Kriminologie, die versuchte, mit Einfühlung sich auch den Verbrechern zu nähern, um hinter der Strafe einen Zugang zu finden zum verschütteten Gemüt."[44]

Darüber hinaus – und das ist ein zweiter Kritikpunkt bei Moser – machten die Mitscherlichs einen psychoanalytischen Denkfehler. „Trauer", stellen sie selbst zu Recht fest, „kann nur dort entstehen, wo ein Individuum der Einfühlung in ein anderes Individuum fähig gewesen ist".[45] Bei Trauer geht es um Schmerz und Kummer durch den Verlust von Freunden oder Geliebten, von Menschen, durch die das Leben wertvoll ist. Wie kann bei einer solchen Definition die Rede von Trauer um den Tod von Millionen Juden, Russen, Polen, Sinti und Roma sein, die häufig verachtet wurden und deren Schicksal die meisten Deutschen gleichgültig ließ? Auch nachdem 1945 dieses Schicksal in all seinen Einzelheiten deutlich wurde, konnte schon durch das fehlende Wohlwollen gegenüber den Opfern und durch den millionenfachen Charakter des Völkermords von Trauer keine Rede sein, höchstens von Scham und Schuldbewußtsein. Und auch dafür war bei den meisten Deutschen lange Zeit kein Platz, unter anderem, weil sie selbst mit dem Verlust von Nächsten konfrontiert wurden, mit der Unsicherheit über das Schicksal von Vermißten und Gefangenen, oder weil sie Opfer von Flucht und Vertreibung waren. Für die *Vertriebenen*, so weiß Moser aus seiner eigenen psychiatrischen Praxis, war der Kampf ums Überleben so elementar gewesen, daß selbst für Trauer um umgekommene Verwandte zunächst kein Platz war.[46]

Die Kritik an den Mitscherlichs zusammenfassend, kann festgestellt werden, daß sie sich gleichzeitig die Rolle des Psychoanalytikers und des moralischen öffentlichen Anklägers zugemessen haben. Auf der theoretischen Ebene werfen sie dabei Verschiedenes durcheinander, gebrauchen den Trauerbegriff, ohne daß er anwendbar ist, und bieten in der Praxis keinerlei Aussicht auf eine „Genesung". Die blieb aus ihrer Sicht dann auch aus, wodurch sich die Befürworter der Theorie immer wieder bestätigt sahen.[47]

Außer dieser Kritik aus der psychoanalytischen Theorie selbst ist auch ein wesentlicher geschichtswissenschaftlicher Einwand gegen das Argument der Mitscherlichs vorzubringen: Die *Unfähigkeit zu trauern* kollidiert vielfältig mit der politisch-kulturellen

[44] Ebenda, 207–208.

[45] Mitscherlich, *Unfähigkeit*, 39.

[46] Moser, *Unfähigkeit*, 210; ähnliche Kritik kommt von dem Sozialpädagogen Micha Brumlik: ‚Trauerrituale und politische Kultur nach der Shoah in der Bundesrepublik', in: H. Loewy (Hg.), *Holocaust: Die Grenzen des Verstehens. Eine Debatte über die Besetzung der Geschichte*, Reinbek bei Hamburg 1992, 202–204.

[47] Auch die Mitscherlichs selbst sind seit 1967 nicht wesentlich von ihrer Diagnose abgewichen; vgl. das Vorwort zur Taschenbuchausgabe der *Unfähigkeit* 1977 und M. Mitscherlich, B. Burmeister, *Wir haben ein Berührungstabu. Zwei deutsche Seelen – einander fremd geworden*, München 1993. Siehe auch die 1980 erschienen Memoiren des inzwischen verstorbenen Alexander Mitscherlich, zitiert bei Moser, *Unfähigkeit*, 205.

Realität nach 1945. Die Wirklichkeit des Umgangs mit der NS-Vergangenheit ist zwar angesichts der Sache selbst mühevoll, aber zugleich vielschichtiger gewesen als ihre generalisierende Theorie über Verdrängung und Leugnung.

Die Schuldfrage

„Diese Schandtaten: Eure Schuld!" stand auf einem 1945 in der amerikanischen Besatzungszone verbreiteten Plakat mit Fotos des Konzentrationslagers Dachau, wie die Amerikaner es bei seiner Befreiung vorgefunden hatten. „Ihr habt ruhig zugesehen und es stillschweigend geduldet [...]. Warum habt ihr mit keinem Wort des Protestes, mit keinem Schrei der Empörung das deutsche Gewissen wachgerütelt? Das ist Eure große Schuld – Ihr seid mitverantwortlich für diese grausamen Verbrechen."[48] In denselben Zusammenhang paßte, daß Einwohner von bei Konzentrationslagern gelegenen Dörfern und Städten durch einen verpflichteten Rundgang durch das Lager zu einer Konfrontation mit den Verbrechen gezwungen wurden. Solche Maßnahmen ergaben sich aus der anfänglichen Sichtweise insbesondere der amerikanischen Besatzer, daß es eine kollektive deutsche Schuld gebe; eine Sichtweise, die aus der alliierten Perspektive und im Licht des Jahres 1945 verständlich war, die aber in Deutschland selbst auf einen ebenso verständlichen großen Widerstand stieß.

Die *Kollektivschuldthese* wurde auch von denjenigen Deutschen kritisiert, die nach 1945 der Debatte über Schuld und Verantwortlichkeit nicht aus dem Weg gehen wollten. Eugen Kogon, jahrelang Gefangener in Buchenwald und Autor des ersten Nachkriegsbuchs über Konzentrationslager,[49] war einer von ihnen. In den links-katholischen *Frankfurter Heften*, die er seit April 1946 monatlich zusammen mit Walter Dirks herausgab, wies er wiederholt auf den kontraproduktiven Effekt der These von der kollektiven Schuld hin. „Die ‚Schock'-Politik hat nicht die Kräfte des deutschen Gewissens geweckt", schrieb er im ersten Heft, „sondern die Kräfte der Abwehr gegen die Beschuldigung, für die nationalsozialistischen Schandtaten in Bausch und Bogen mitverantwortlich zu sein. Das Ergebnis ist ein Fiasko."[50] Auch in der jüngeren Literatur über die Schulddebatte wurde diese These immer wieder betont.[51] Es stellt sich aber die

---

[48] Das Plakat ist abgedruckt bei: Chr. Kleßmann, *Die doppelte Staatsgründung. Deutsche Geschichte 1945–1955*, Bonn ^{5}1991, 308.

[49] E. Kogon, *Der SS-Staat. Das System der deutschen Konzentrationslager*, München 1946 (seitdem viele Nachdrucke).

[50] E. Kogon, ‚Gericht und Gewissen', in: *Frankfurter Hefte* 1 (1946) Nr. 1, 28.

[51] Vgl. Grosser, *Verbrechen*, 104; B. Eberan, *Luther? Friedrich ‚der Große'? Wagner? Nietzsche? ...? ...? Wer war an Hitler schuld? Die Debatte um die Schuldfrage 1945–1949*, München 1985, 42,204.

Frage, ob ein differenzierteres Vorgehen der Alliierten wirklich zu anderen Ergebnissen geführt hätte. Wäre die Masse der deutschen Bevölkerung dann zu einer intensiven Debatte bereit und in der Lage gewesen? War das angesichts der Ruinen von 1945, der Millionen Flüchtlinge und der unsicheren Zukunft eine realistische Erwartung?[52]

Andererseits gab es auf der deutschen Seite in den ersten Nachkriegsjahren sehr wohl eine Diskussion über Schuld und über die Ursachen des Nationalsozialismus. In der Presse wurde ausführlich darüber geschrieben, der Philosoph Karl Jaspers veröffentlichte 1946 *Die Schuldfrage*[53], die evangelische Kirche trat im Oktober 1945 mit dem *Stuttgarter Schuldbekenntnis* hervor, und Politiker zogen Lehren aus der Vergangenheit. Selbstverständlich erhob sich auch für Historiker die Frage nach den Gründen für *Die deutsche Katastrophe* und den *Irrweg einer Nation*.[54] Journalisten, Politiker, einzelne Kirchenführer und Wissenschaftler, kurz: ein nicht unwesentlicher Teil der deutschen intellektuellen Elite ging der Schuldfrage nicht aus dem Weg, sondern war auf der Suche nach Erkenntnissen. Barbro Eberan spricht in ihrer ausführlichen Studie über die Schulddebatte in der deutschen Presse zwischen 1945 und 1949 sogar über „eine intensive Auseinandersetzung mit der Schuldfrage", die übrigens nicht so sehr „in Form einer offenen Debatte als vielmehr monologisch, indirekt und häufig auch verschlüsselt" abgelaufen sei.[55] Letzteres galt auch für das innerhalb der evangelischen Kirche umstrittene Schuldbekenntnis vom Oktober 1945. Darin wurde zwar mit den Worten „wir klagen uns an" die eigene Rolle während des Dritten Reichs kritisch thematisiert, aber es wurde nur in sehr abstrakten Wendungen über das anderen Ländern und Völkern zugefügte Leid gesprochen.[56] In den Gründungserklärungen der in den einzelnen Besatzungszonen zugelassenen politischen Parteien war ebenfalls von Verweisen auf Schuld an und Verantwortlichkeit für die Verbrechen des NS-Regimes die Rede, wenn auch hier vor allem abstrakt. Auf den Judenmord wurde stets indirekt in Umschreibungen wie „Gift der tierischen Rassenlehre" und „Völkerverhetzung" und der Notwendigkeit der Abkehr

---

[52] J. Foschepoth weist in diesem Zusammenhang zu Recht darauf hin, daß viele in Deutschland sich die Rolle des Opfers anmaßten; vgl. seinen Aufsatz ‚Zur deutschen Reaktion auf Niederlage und Besatzung', in: L. Herbst (Hg.), *Westdeutschland 1945–1955. Unterwerfung, Kontrolle, Integration*, München 1986, 151–166.

[53] K. Jaspers, *Die Schuldfrage. Zur politischen Haftung Deutschlands*, München 1946. Benutzt wurde die Neuausgabe von 1987.

[54] F. Meinecke, *Die deutsche Katastrophe. Betrachtungen und Erinnerungen*, Wiesbaden 1946; A. Abusch, *Der Irrweg einer Nation*, Berlin 1946.

[55] Eberan, *Debatte*, 204–205.

[56] Vgl. W. Bergmann, ‚Die Reaktion auf den Holocaust in Westdeutschland von 1945 bis 1989', in: *Geschichte in Wissenschaft und Unterricht* 43 (1992) Nr. 6, 333. Vgl. zur Haltung sowohl der protestantischen als auch der katholischen Kirche auch Grosser, *Verbrechen*, 127 ff.

vom „Rassenkult“ verwiesen. Klare Worte kamen von seiten der SPD aus dem Mund ihres Parteivorsitzenden Kurt Schumacher, der selbst praktisch die gesamte Periode 1933–1945 in einem Konzentrationslager gesessen hatte. Er sprach nicht nur öffentlich über die Judenverfolgung und den millionenfachen Mord, sondern rief auch wiederholt zur *Wiedergutmachung* auf.[57]

Richtungsbestimmend für die Schulddebatte wurde ein Abschnitt aus einer 1949 gehaltenen Rede des ersten Bundespräsidenten Theodor Heuss: „Man hat von einer ‚Kollektivschuld‘ des deutschen Volkes gesprochen. Das Wort Kollektivschuld und was dahinter steckt, ist aber eine simple Vereinfachung, es ist eine Umdrehung, nämlich der Art, wie die Nazis es gewohnt waren, die Juden anzusehen: daß die Tatsache, Jude zu sein, bereits das Schuldphänomen in sich eingeschlossen habe. Aber etwas wie eine Kollektivscham ist aus dieser Zeit gewachsen und geblieben. Das Schlimmste, was Hitler uns angetan hat – und er hat uns viel angetan –, ist doch dies gewesen, daß er uns in die Scham gezwungen hat, mit ihm und seinen Gesellen gemeinsam den Namen Deutsche zu tragen.“[58] Der Nachdruck, den Heuss auf die Betonung der Schuld Hitlers legte, bot sicher für viele in Deutschland die Gelegenheit, der eigenen Verantwortung aus dem Weg zu gehen. Wichtiger war aber, daß der Bundespräsident den Begriff der *Kollektivscham* als moralische Kategorie für das ganze deutsche Volk einführte. Dieser vielzitierte Begriff beeinflußte auch in erheblichem Maße das offizielle Selbstbild der Bundesrepublik.

Sucht man nach einem gemeinsamen Nenner der Diskussion über die Schuldfrage in den ersten Nachkriegsjahren, so fällt auf, daß vor allem in allgemeinen und metaphorischen Wendungen über die nationalsozialistische Vergangenheit gesprochen wurde und daß die Verbrechen selbst häufig nur verschleiert im Hintergrund standen. „Wir sind alle im Dickicht“, so der Eröffnungssatz der Vorlesung des Historikers Rudolf Stadelmann im Winter 1945 in Tübingen, „in einem dunklen Wald sind wir vom Weg abgekommen, halb aus Übermut und Ungeduld, halb aus Panikstimmung und mangelnder Selbstbeherrschung [...]. Wir wollen Abstand von dem, was mit uns geschehen ist, und einen Standort über den Ereignissen gewinnen.“[59] Konkret bedeutete dies, daß die Historiker nach 1945 einerseits die nationalen Traditionen in der deutschen Geschichte kritisch erforschten und andererseits darin auf der Suche nach einem positiven historischen Halt waren. Das führte dazu, daß der Nationalsozialismus von den meisten als ein historischer Bruch gesehen wurde, als ein „Betriebsunfall“, dessen Ursachen in erster Linie in einem breiteren Verfall der europäischen Kultur lagen, der seinerseits in der

---

[57] Vgl. Bergmann, *Reaktion*, 341.

[58] Zitiert bei Grosser, *Verbrechen*, 112–113.

[59] Zitiert bei B. Faulenbach, ‚NS-Interpretationen und Zeitklima. Zum Wandel in der Aufarbeitung der jüngsten Vergangenheit‘, in: *Aus Politik und Zeitgeschichte* B 22/1987, 20.

Französischen Revolution wurzelte. In ganz Europa waren die Volksmassen in Bewegung geraten, war die Rede von Auflösungserscheinungen des modernen Staates und vom Verlust der Orientierung. Zur Rückgewinnung letzterer fanden die deutschen Historiker Anknüpfungspunkte in der nationalen klassischen Kultur – so rief der bekannte Historiker Friedrich Meinecke zur Gründung von Goethegemeinden auf. Und was die NS-Zeit anging: Die Kontinuität des „anderen Deutschlands" äußerte sich im bürgerlich-konservativen Widerstand gegen Hitler, der auch relativ rasch von den Historikern erforscht wurde.[60]

Eine Sonderstellung unter den allgemeinen und metaphorischen Betrachtungen über das Dritte Reich und die Schuldfrage nimmt der Beitrag von Karl Jaspers ein. In *Die Schuldfrage* – entstanden aus seinen Vorlesungen in Heidelberg im Wintersemester 1945/46 – unterschied er zwischen verschiedenen Formen von Schuld und lieferte damit sowohl auf der individuellen als auch der kollektiven Ebene eine konkrete Hilfe für den Umgang mit der Vergangenheit. Er ging in seiner Vorlesung davon aus, daß das deutsche Volk die zwölf Jahre des Nationalsozialismus auf verschiedene Arten erfahren hatte: „Einige erlebten den ganzen Bruch durch die Erfahrung der nationalen Würdelosigkeit schon 1933, andere seit Juni 1934, wieder andere 1938 mit den Judenpogromen, viele seit 1942, als die Niederlage wahrscheinlich, oder seit 1943, als sie gewiß war, einige erst 1945, als sie tatsächlich eintrat. Für die ersten war 1945 Befreiung zu neuen Möglichkeiten, für andere wurden es die schwersten Tage, weil das Ende des vermeintlich nationalen Reichs."[61] Der Kollektivschuld stellte Jaspers einen differenzierten Schuldbegriff gegenüber, indem er nacheinander kriminelle, politische, moralische und metaphysische Schuld unterschied.[62] Kriminelle Schuld hatte man auf sich geladen, wenn man gegen Gesetze verstoßen hatte, und diejenigen, die das betraf, waren mit den Mitteln des Rechtsstaates zu verfolgen. Betraf diese Form der Schuld das Individuum, so ging es bei der politischen Schuld um die Handlungen der politischen Führer des Staates, dem man angehörte. Da jeder Mensch für die Art seiner Regierung als mitverantwortlich anzusehen sei, müsse man hier von einer gemeinsamen politischen *Verantwortung* sprechen. Von moralischer Schuld sei die Rede, wenn eigene Taten mit dem eigenen Gewissen kollidierten. Jeder Deutsche müsse sich selbst prüfen: „Lügenhafte Loyalitätserklärungen gegenüber drohenden Instanzen wie der Gestapo – Gebärden wie der Hitlergruß, Teilnahme an Versammlungen und vieles andere, was den Schein des

---

[60] Vgl. K. Kwiet, ‚Die NS-Zeit in der westdeutschen Forschung 1945–1961', in: E. Schulin (Hg.), *Deutsche Geschichtswissenschaft nach dem Zweiten Weltkrieg (1945–1965)*, München 1989, 181–198; vgl. auch W. Benz, ‚Wissenschaft oder Alibi? Die Etablierung der Zeitgeschichte', in: W. H. Pehle, P. Sillem (Hg.), *Wissenschaft im geteilten Deutschland. Restauration oder Neubeginn nach 1945?*, Frankfurt am Main 1992, 11–25.

[61] Jaspers, *Schuldfrage*, 12.

[62] Ebenda, 17 ff.; vgl. zur Ausarbeitung der Schuldbegriffe: 31–50.

Dabeiseins brachte –, wer von uns hätte in Deutschland nicht irgendwann solche Schuld? Nur der Vergeßliche kann sich darüber täuschen, weil er sich täuschen will. Die Tarnung gehörte zum Grundzug unseres Daseins. Sie belastet unser moralisches Gewissen."[63] Andere müßten sich klarmachen, daß sie ihr Gewissen völlig ausgeschaltet hätten oder daß sie mit ihrem hingebungsvollen Einsatz für das NS-Regime hinters Licht geführt worden seien. Dabei dürfe man sich nicht hinter den Befehlen von Höhergestellten verstecken: Verbrechen bleibe Verbrechen. Die von Jaspers so genannte metaphysische Schuld schließlich betraf den Mangel an absoluter Solidarität von Menschen untereinander. Jeder Mensch, der Zeuge von Unrecht und Verbrechen und damit der Verletzung der Solidarität gewesen war, war für Jaspers im metaphysischen Sinn schuldig, auch wenn er versucht hatte, das Unrecht zu verhindern: „[...] wenn ich dabei war und wenn ich überlebe, wo der andere getötet wird, so ist in mir eine Stimme, durch die ich weiß: daß ich noch lebe, ist meine Schuld."[64] Diese Schuld betraf dementsprechend alle Überlebenden. Nur Gott könne über sie ein Urteil fällen.

Diese differenzierte Auffassung von Schuld war für Jaspers mehr als nur eine Reaktion auf die *Kollektivschuldthese* oder eine philosophische Übung. Sein Ziel war eine Kommunikation über die jüngste Vergangenheit, die zu einer „Reinigung" führen müsse, und diese „Reinigung" war ihrerseits wieder die Voraussetzung für echte politische Freiheit.[65] Der unmittelbare Einfluß von Jaspers Vorlesungen und seinem Buch blieb begrenzt. Er selbst war enttäuscht über die geringe Verbreitung seiner Ausführungen und die oft abweisenden Reaktionen. Seine Vorlesung über die Schuldfrage wurde im Sommersemester 1946 nicht fortgesetzt, sondern er wich auf unbelastete philosophische Themen aus. „Zu sprechen, wenn ich feindselige Gesichter sehe, wird mir schwer", schrieb er Hannah Arendt. „Ich habe niemals bis 1937 so wenig mir zugeneigte Stimmung im Auditorium gehabt wie jetzt."[66] Die wenigen zustimmenden Briefe, die er zu seinem Buch erhielt, endeten häufig mit dem Hinweis, daß in der Umgebung des Briefschreibers niemand die positive Meinung teile. 1948 nahm Jaspers einen Ruf nach Basel an. Der wichtigste Grund für seinen Weggang aus Heidelberg war die Enttäuschung über die in seinen Augen geringe deutsche Bereitschaft, die Konfrontation mit der Vergangenheit zu suchen.[67]

---

63 Ebenda, 42–43.

64 Ebenda, 48.

65 Ebenda, 80 ff.

66 Zitiert bei Müller, *Zukunft*, 22.

67 K. Jaspers, ‚Warum ich Deutschland verlassen habe', in: *Süddeutsche Zeitung*, 19. August 1967; vgl. auch Jaspers' Memoiren, *Schicksal und Wille*, München 1967. Grossers Bemerkung, *Die Schuldfrage* habe beim Erscheinen 1946 „ein großes Echo" gefunden, muß dementsprechend als falsch angesehen werden; vgl. Grosser, *Verbrechen*, 105.

Die bisherigen Ausführungen lassen erkennen, daß in den ersten Nachkriegsjahren eine kleine intellektuelle und politische Elite die Frage nach Schuld und Verantwortung zur Sprache brachte. Ihr Einfluß auf breite Schichten der Bevölkerung blieb aber äußerst begrenzt, und die Ansätze zu einer Schulddebatte wurden nur von wenigen aufgegriffen. Das war weniger ein Resultat des kontraproduktiven Effekts der *Kollektivschuldthese*, wenn auch diese in der Tat unhaltbare These vielen Deutschen ein willkommenes Argument lieferte, um die Schuldfrage zu verdrängen.[68] Die Ursachen dafür, daß die Masse der Bevölkerung dieser Frage auswich, lagen aber woanders: nämlich in der totalen Niederlage, der darauf folgenden nationalen Lähmung und politischen Apathie und der Angst vor Bestrafung durch die Alliierten. Dazu kamen die Erfahrungen von Flucht und Vertreibung Millionen Deutscher aus dem Osten und die Sorge um die Organisation der täglichen Mahlzeiten. In diesen Verhältnissen, in denen alle Stützen verloren gegangen waren, wurde eher nach entlastenden Argumenten für die eigene Verstrickung gesucht, für eine breit geführte Debatte über die Schuldfrage war kein Raum. Aber von einer allgemeinen Verdrängung oder Leugnung der Vergangenheit, wie sie die Mitscherlichs mit ihrer „Unfähigkeit zu trauern" suggerierten, kann keine Rede sein.

Die Nürnberger Prozesse und die Entnazifizierung

Der skizzierte Unterschied zwischen einem Teil der politischen und intellektuellen Elite einerseits und der Mehrheit der Bevölkerung andererseits darf aber nicht zu der Schlußfolgerung führen, daß die Masse einfach zum Alltagsgeschäft übergegangen sei. Das war auch nicht möglich, da das tägliche Leben ständig zur Konfrontation mit der Vergangenheit zwang. Dabei stand nicht im Vordergrund, wie Diktatur, Krieg und Völkermord entstanden waren, sondern daß „sich derartiges nie wiederhole", wie die Standartformulierung schnell lautete. Auch viele Gegner und Verfolgte des NS-Regimes versuchten eher Lehren aus der Geschichte zu ziehen anstatt sich ausführlich mit der Geschichte selbst zu beschäftigen.[69] In dieses Bild paßt auch, daß die übergroße Mehrheit der Bevölkerung 1945/46 hinter dem Nürnberger Militärtribunal gegen die politische und militärische Spitze des Dritten Reiches (die *Hauptkriegsverbrecher*) stand. Zu Beginn des Prozesses im Dezember 1945 hielten 70 % der Bevölkerung in der amerikanischen Zone die Angeklagten für schuldig, im März 1946 75 %. Zwar fiel dieser Prozentsatz im August des gleichen Jahres auf 52 % zurück, aber als im Oktober 1946 die Urteile verkündet wurden, stimmten ihnen 55 % zu, hielten 21 % die alliierten Straf-

---

[68] Vgl. W. Benz, ‚Die Abwehr der Vergangenheit. Ein Problem nur für Historiker und Moralisten?', in: D. Diner (Hg.), *Ist der Nationalsozialismus Geschichte? Zu Historisierung und Historikerstreit*, Frankfurt am Main 1988, 29.

[69] Vgl. Herbert, Groehler, *Bewältigung*, 69.

maße für zu milde, während nur 9 % fanden, daß die Strafen zu hart waren.[70] Hinzu kam – und das war ein Aspekt von nicht zu unterschätzender Bedeutung –, daß das Tribunal detaillierte Erkenntnisse über die deutsche Kriegsvorbereitung und über Art und Umfang der nationalsozialistischen Verbrechen erbrachte. Die Meinungsumfragen belegen, daß in der amerikanischen Zone 70 bis 80 % der Bevölkerung die ausführliche Berichterstattung über das Tribunal in der Presse verfolgten und die Informationen auch für wahr hielten, ja sogar als Lehre akzeptierten.[71] Zu Recht hat der Berliner Historiker Peter Steinbach darauf hingewiesen, daß „in dieser ‚Aufklärung' ein bleibendes Verdienst des Prozesses" gesehen werden muß.[72] Sicher kann man dagegen einwenden – und auch Steinbach erkennt das an –, daß viele den Prozeß gegen die Hauptschuldigen benutzten, um sich selbst als unschuldige Mitläufer von Schuld frei zu sprechen, aber festzuhalten bleibt, daß der Prozeß einen wichtigen Beitrag zur Diskreditierung des NS-Regimes in der deutschen Bevölkerung lieferte.

In dem Tribunal von 1945/46 und den darauf folgenden zwölf Nürnberger Nachfolgeprozessen gegen u. a. Industrielle, Diplomaten und Ärzte standen insgesamt 201 Angeklagte vor alliierten Richtern. Es ging in Nürnberg also um eine relativ kleine Gruppe. Das war bei der Entnazifizierung anders. Sie betraf Millionen Deutsche, wobei es nicht um eine Verfolgung im strafrechtlichen Sinn ging, sondern um die Säuberung der Verwaltung, der Wirtschaft und der Gesellschaft. Ungenügend durchdacht – aber wer hatte Erfahrung mit einem Problem derartigen Ausmaßes? – war dabei aber, welche Kriterien angelegt werden sollten: Ab wann galt jemand als belastet und in welcher Funktion? Wo lag die Grenze zwischen aktiven und verantwortlichen Nationalsozialisten einerseits und opportunistischen Mitläufern andererseits? In der Entnazifizierungspolitik der Amerikaner, die in den westlichen Zonen die Führung übernahmen, ging es anfangs nicht um eine differenzierte Antwort auf diese Fragen. Im Vordergrund stand die völlige Ausschaltung nationalsozialistischer Einflüsse und die Vorsorge gegen gewalttätigen Widerstand. So richtig dieses Ziel auch war, in der Ausführung bekam die Entnazifizierung 1945/46 einen so massiven und schematischen Charakter, daß sie schon im Frühstadium den Keim des Scheiterns in sich trug. In den westlichen Zonen wurden insgesamt 200 000 Personen verhaftet und in Internierungslager gesperrt, noch viel mehr wurden automatisch aus dem Staatsdienst entlassen, sobald aus der Beantwortung eines Fragebogens mit 131 Fragen hervorging, daß jemand mehr als ein einfaches Mit-

---

[70] Vgl. Bergmann, *Reaktion*, 328; von den 24 Angeklagten wurden zwölf zum Tode verurteilt, drei zu einer lebenslangen Haftstrafe, sechs zu Haftstrafen bis zu 20 Jahren und drei freigesprochen; vgl. zum Prozeß selbst A. Birke, *Nation ohne Haus. Deutschland 1945–1961*, Berlin 1989, 73 ff.

[71] Vgl. Reichel, *Vergangenheitsbewältigung*, 157; P. Steinbach, ‚Nationalsozialistische Gewaltverbrechen in der deutschen Öffentlichkeit nach 1945. Einige Bemerkungen, Fragen und Akzente', in: Weber, Steinbach (Hg.), *Vergangenheitsbewältigung*, 17; Bergmann, *Reaktion*, 328.

[72] Steinbach, *Gewaltverbrechen*, 26.

glied der NSDAP gewesen sein *könnte*.[73] Im September 1945 kündigten die Amerikaner eine weitgehende Entnazifizierung der Wirtschaft an. Jeder, der Mitglied der NSDAP oder einer verwandten Organisation gewesen war, hatte aus Leitungsfunktionen entfernt zu werden und durfte nur noch als einfacher Arbeiter tätig sein. Die Briten folgten zwar in ihrer Zone auf dem Papier dem amerikanischen Entnazifizierungsperfektionismus, aber in der Praxis verhielten sie sich pragmatischer. Um einen totalen Stillstand in Verwaltung und Wirtschaft zu verhindern und um die Besatzungskosten nicht noch höher steigen zu lassen, entließen sie nicht jeden, der den strengen Regelungen zufolge eigentlich dafür in Frage gekommen wäre. Im Gegensatz zu den Amerikanern hatten sie, ebenso wie die Franzosen, auch keine allgemeine Registrierungspflicht eingeführt. Infolgedessen wichen viele (ehemalige) Nationalsozialisten aus der amerikanischen in die britische und französische Zone aus. Vor allem die französische Zone galt als „Dorado" für schwer belastete Personen.[74] Zwar fanden auch dort Massenentlassungen statt, aber die Franzosen sahen über vieles hinweg, wenn jemand bereit war, sich in den Dienst der französischen Politik zu stellen, die auf die Stärkung Frankreichs und die Zerstückelung Deutschlands ausgerichtet war.

Im März 1946 entschieden sich die Amerikaner mit dem *Befreiungsgesetz* für einen differenzierteren, wenn auch nicht weniger weitgehenden Zugriff. Aufgrund des von jedem erwachsenen Deutschen auszufüllenden Fragebogens erfolgte eine Einteilung in „Hauptschuldige", „Belastete", „Minderbelastete", „Mitläufer" und „Entlastete". Dies geschah durch deutsche Spruchkammern unter amerikanischer Verantwortung. Die Strafen reichten von maximal zehn Jahren Arbeitslager und vollständigem Verlust des Vermögens für Angehörige der ersten Kategorie bis zu Lohnkürzungen und Beiträgen zu einem Wiedergutmachungsfonds für Mitläufer. Damit wurde ein Weg beschritten, der die individuelle Haltung des Betroffenen stärker als in der bisher angewandten Prozedur berücksichtigen sollte. Diese im Prinzip gerechtere Vorgehensweise, die im Oktober 1946 auch von den Briten und Franzosen übernommen wurde, führte allerdings schnell zu einer Blockierung der Spruchkammern, die die Millionen Fragebögen beurteilen und die individuellen Entnazifizierungsmaßnahmen festlegen mußten. Im Gegensatz zum normalen Strafrecht lag die Beweislast nicht bei den Kammern sondern bei denen, die sich zu verantworten hatten, was zu großen Protesten der Deutschen führte. Ein wirklicher Nachteil für die Betroffenen war das allerdings nicht: Kollegiale, soziale und familiäre Bande bildeten einen wirksamen Schutz gegen Bestrafung, da man sich gegenseitig *Persilscheine* ausstellte, nach denen selbst viele notorische Nationalsozialisten nur Mitläufer gewesen zu sein schienen.

---

[73] Vgl. die Liste automatisch zu entlassender Personen („mandatory removal") in C. Vollnhals, *Entnazifizierung. Politische Säuberung und Rehabilitierung in den vier Besatzungszonen 1945–1949*, München 1991, 11.

[74] Ebenda, 28; vgl. weiter 34 ff.

Das anfänglich besonders feinmaschige Säuberungsnetz der Amerikaner, der nach dem Erlaß des *Befreiungsgesetzes* 1946 noch stets massive Zugriff und die Rechtsungleichheit zwischen den Zonen (und sogar innerhalb) hatten verschiedene schwerwiegende Folgen. In erster Linie war die Anzahl der Entlassungen so groß, daß vielerorts das Verwaltungs- und Wirtschaftsleben kaum in Gang zu halten war. In der amerikanischen Zone fand geradezu ein Kahlschlag innerhalb des Staatsapparates statt. Mancherorts blieben weniger als ein Drittel der ursprünglichen Beamten übrig.[75] Mit Hinweis auf sehr „ausufernde und schematisierte Säuberungskriterien" der Amerikaner hat der Historiker Klaus-Dietmar Henke zu Recht festgestellt, „daß es eine Tragödie genannt werden muß, mit welcher Verve die westliche Vormacht gleich zu Beginn dieses sensiblen Prozesses gewissermaßen den ersten Knopf ins zweite Knopfloch schob. Die ganze weitere Geschichte der ‚Entnazifizierung' könnte geradezu als verstohlener Versuch bezeichnet werden, diesen frühen Lapsus wieder ungeschehen zu machen."[76] In der Tat waren die Amerikaner über das Ziel hinausgeschossen und konnten eine solche Politik nicht lange durchhalten. Hinzu kam, daß im September 1946 Außenminister James F. Byrnes einen Wandel in der allgemeinen Deutschlandpolitik der Amerikaner ankündigte. In einer Rede in Stuttgart erklärte er, daß die Bestrafung Deutschlands nicht länger im Mittelpunkt stehen solle und daß Deutschland die Gelegenheit zum Wiederaufbau gegeben werden müsse – ein Kurswechsel, der zwangsläufig eine Milderung der Entnazifizierung mit sich bringen würde.

Eine zweite nachteilige Folge der massiven Entnazifizierungspolitik und der damit verbundenen These der Kollektivschuld war, daß die Solidarität zwischen großen und kleinen Nazis gefördert wurde. Sowohl schwer als auch geringfügig Belastete widersetzten sich gegen das, was sie als Unrecht und alliierte Willkür ansahen. Die ohnehin schmale gesellschaftliche Basis der Entnazifizierung verringerte sich dadurch schon in einem frühen Stadium weiter. Kritik äußerten aber auch Opfer des Nationalsozialismus. Eugen Kogon, der, wie oben erwähnt, bereits früher von einer kontraproduktiven alliierten Haltung gesprochen hatte, formulierte in den *Frankfurter Heften* deutliche Verweise. Natürlich wünschte er die Ausschaltung und Bestrafung der Nazis, aber er richtete seinen Blick auch auf die Zukunft und stellte fest, daß das alliierte Vorgehen den Aufbau einer Demokratie in Deutschland nicht förderte. „Man kann sie nur *töten oder gewinnen*", schrieb er im Juli 1947 über die vielen ehemaligen Hitler-Anhänger und fuhr fort: „Töten kommt hierzulande [...] nicht in Frage. Also muß man sie gewinnen. Nicht indem man sie umwirbt (wozu bei uns schon wieder manche Leute und manche Parteien ebenso heftig wie verdächtig neigen), sondern indem man sich ihrer sachlich

---

[75] K.-D. Henke, ‚Die Trennung vom Nationalsozialismus. Selbstzerstörung, politische Säuberung, „Entnazifizierung", Strafverfolgung', in: ders., H. Woller (Hg.), *Politische Säuberung in Europa. Die Abrechnung mit Faschismus und Kollaboration nach dem Zweiten Weltkrieg*, München 1991, 41.

[76] Henke, *Trennung*, 35.

annimmt. Man muß *beweisen*, daß Demokratie besser ist." Ein solcher Beweis, so Kogon, werde durch die alliierte Entnazifizierungspolitik, die einen ungenügenden Unterschied zwischen großen und kleinen Nazis mache, nicht geliefert. So werde eine „*positive Befreiung*" des deutschen Volkes von Nationalsozialismus und Militarismus nicht erreicht werden können. Im Gegenteil: „Wie stellt man sich eine ‚Lösung' denn auf Dauer vor, die so aussieht: Millionen ausschalten und sie sich selber überlassen? Sind sie nicht mehr da, weil man sie ausgeschaltet hat, ‚ausgeklammert', in die Konspirationswinkel gedrängt [...]?"[77] Um die Entnazifizierungspolitik zu retten, schlug er vor, nur noch die „Hauptschuldigen" und die „Belasteten" vor den *Spruchkammern* zur Rechenschaft zu ziehen. Alle anderen sollten zwar einen finanziellen, materiellen oder sonstigen *Wiedergutmachungs*beitrag leisten, aber die Blockaden auf dem Weg zurück ins Berufsleben hatten für sie so schnell wie möglich aufgehoben zu werden.[78] Kogon plädierte hiermit nicht für großzügige Barmherzigkeit, sondern dafür, einen Unterschied zu machen zwischen denen, die Verbrechen begangen hatten, und denen, die sich „politisch geirrt" hatten. Nur so, lautete zusammengefaßt Kogons Konzept, habe die Integration von Millionen ehemaliger Nationalsozialisten in die aufzubauende Demokratie eine Chance auf Erfolg.[79] Anders formuliert: Nur auf diese Art konnte eine dauerhafte Abkehr vom Nationalsozialismus zustande kommen.

Kogons richtige Analyse konnte die Entnazifizierung nicht mehr retten. Zwar sahen auch die Alliierten 1947 immer klarer, daß der eingeschlagene Weg in einer Sackgasse endete, aber anstatt den von Kogon befürworteten Unterschied zwischen großen und kleinen Nazis zu machen, steuerten sie 1948 auf ein vollständiges Ende der Entnazifizierung zu. Der wachsende Ost-West-Gegensatz und die sich seit diesem Jahr immer deutlicher abzeichnende deutsche Teilung bildeten die Grundlage dieses rigorosen Kurswechsels. Die westlichen Alliierten waren bestrebt, den im Aufbau begriffenen westdeutschen Staat als Partner in den Westen zu integrieren, und dazu paßte die Beendigung der unpopulären Entnazifizierung. Im Mai 1948 wurde die Entnazifizierung formell abgeschlossen. Im März hatten die Amerikaner beschlossen, daß praktisch alle „Belasteten" in die Kategorie der „Mitläufer" herabgestuft werden konnten und damit faktisch rehabilitiert wurden.

---

77 E. Kogon, ‚Das Recht auf den politischen Irrtum', in: *Frankfurter Hefte* 2 (1947) Nr.7, 654–655; eine gekürzte Fassung dieses Artikels in: Vollnhals, *Entnazifizierung*, 302–308.

78 Ebenda, 653.

79 Im April 1947 hatte Kogon nach dem Besuch eines Internierungslagers betont, wie wichtig dies sei: ‚Kaum ein Nationalsozialist wird in einem Internierungslager zum Demokraten. Die Haft wird meist als Rache und Vernichtungswille empfunden.' Vgl. E. Kogon, ‚Der Kampf um Gerechtigkeit', in: *Frankfurter Hefte* 2 (1947) Nr.4, 377; vgl. zu den Internierungslagern auch H. Wember, *Umerziehung im Lager. Internierung und Bestrafung von Nationalsozialisten in der britischen Besatzungszone Deutschlands*, Koblenz 1991.

Außer den „Belasteten" profitierten vor allem die „Hauptschuldigen" von diesem Kurswechsel. Die Spruchkammern, mit Millionen ausgefüllter Fragebögen konfrontiert, hatten aus gutem Grund zuerst die leichteren Fälle behandelt und die Behandlung der stärker belasteten Gruppen aufgeschoben. Gerade in der Phase, in der sich diese Personen vor den Kammern verantworten mußten, erstrebten die Allierten den Abschluß der Entnazifizierung, so daß auch sie größtenteils frei ausgingen. Erneut sahen die Alliierten sich mit deutschen Protesten konfrontiert, wenn auch diesmal anderer Art: Die mit der Entnazifizierung befaßten Länderministerien fürchteten ein totales Scheitern ihrer Vorgehensweise, wenn die schwereren Fälle nicht einmal mehr verhandelt würden. Es waren diese Proteste, die mit dazu führten, daß nach dem formellen Abschluß der Entnazifizierung die Spruchkammern die sehr schweren Fälle doch noch verhandelten.[80]

Nach Abschluß der Entnazifizierung in den drei westlichen Zonen konnte die folgende quantitative Bilanz gezogen werden:

Entnazifizierung (Urteile der Spruchkammern)

Zone:	Amerikanische	Britische	Französische
„Hauptschuldige"	1654	*	13
„Belastete"	22 122	*	938
„Minderbelastete"	106 422	27 177	16 826
„Entlastete"	18 454	191 930	3489
Gesamtzahl der behandelten Fälle**	950 126	2 041 000	669 068

* Beurteilung durch die Briten: Zahlen nicht bekannt.

** Die Gesamtzahl der Fälle ist nicht gleich der Summe der aufgeführten Zahlen. Verfahrenseinstellungen u. ä. sind nicht extra aufgeführt.

Zusammenstellung nach: *Informationen zur politischen Bildung 157: Die Entstehung der Bundesrepublik Deutschland*, Bonn 1991, 20 und Vollnhals, *Entnazifizierung*, 32–33, 42.

Die Tabelle ermöglicht einen Überblick über die Entnazifizierung seit dem Inkrafttreten des Befreiungsgesetzes von 1946, das die Verantwortung für die Beurteilung der Fragebögen und die Festsetzung des Strafmaßes den deutschen Spruchkammern übertrug. Ein Vergleich der Zahlen jeder Zone macht deutlich, daß die Kammern unterschiedlich zu Werke gingen. So fielen in der amerikanischen Zone von den rund dreizehn Millionen ausgefüllter Fragebögen knapp zehn Millionen weg, weil sich dem Befreiungsgesetz zufolge bestimmte Personengruppen nicht mehr weiter zu verantworten brauchten. Die restlichen 3,4 Millionen Personen fielen z. T. unter eine Amnestiere-

---

[80] Vgl. Vollnhals, *Entnazifizierung*, 23.

lung, während bei anderen das Verfahren eingestellt wurde, ohne daß es zu einer Anklage gekommen wäre. In der britischen Zone dagegen wurden weniger Verfahren im voraus eingestellt. Auch hierdurch werden die auffallenden Unterschiede zwischen der Zahl der „Entlasteten" in den beiden Zonen erklärt.[81] Der Ausgang in den verschiedenen Zonen zeigt dagegen deutliche Übereinstimmungen, nämlich einen zu vernachlässigenden Prozentsatz „Hauptschuldige" und „Belastete". Zwar fehlen für die britische Zone die Zahlen. Es ist aber anzunehmen, daß das Ergebnis wenig von denen der amerikanischen und französischen Zone abwich. In Nordrhein-Westfalen, dem Land mit der höchsten Bevölkerungsdichte, das Teil der britischen Zone war, sind nur 90 Personen als „hauptschuldig" oder „belastet" eingestuft worden.[82]

Die Entnazifizierung war 1945 begonnen worden, um Millionen für schuldig gehaltene Deutsche individuell zur Verantwortung zu ziehen. Einige Jahre später mußte man feststellen, daß dieses Ziel auch nicht annähernd erreicht worden war. Seit dem Inkrafttreten des Befreiungsgesetzes waren, nach einer Schlußfolgerung Lutz Niethammers, „Säuberung und Rehabilitierung zu ein und demselben Vorgang verschmolzen".[83] Viele der 1945/46 entlassenen Personen kehrten in ihren alten Beruf zurück, und so bestand zwischen der Bundesrepublik und dem Dritten Reich in der Verwaltung, im diplomatischen Dienst, in der Wirtschaft, in der Justiz und dem Unterrichtswesen in hohem Maße personelle Kontinuität.[84] Es wäre aber falsch, diese Entwicklung nach der mißglückten Entnazifizierung als *Re*nazifizierung zu charakterisieren. In erster Linie betraf die Kontinuität die mittleren und unteren Ebenen, während in den Führungsetagen schwer belastete ehemalige Nationalsozialisten – von Ausnahmen abgesehen – nicht in ihre alten Schlüsselstellungen zurückkehrten. Aus einer Untersuchung des amerikanischen Politologen Lewis Edinger geht hervor, daß 1956 weder die alte nationalsozialistische Elite noch Angehörige des Widerstands in der westdeutschen Gesellschaft die Spitzenpositionen bekleideten. Sie wurden größtenteils von denjenigen eingenommen, die sich im Dritten Reich angepaßt oder in die *innere Emigration* zurückgezogen hatten.[85] Darüber hinaus hatte in verschiedenen Bereichen eine Neubesetzung der Funktionen stattgefunden, bei der der Unterschied zwischen sogenannten anständigen und unan-

---

[81] Vgl. des weiteren ausführlich: Vollnhals, *Entnazifizierung* und Henke, *Trennung*.

[82] Vgl. Vollnhals, *Entnazifizierung*, 33.

[83] L. Niethammer, *Die Mitläuferfabrik. Die Entnazifizierung am Beispiel Bayerns*, Berlin, Bonn 1982, 653.

[84] Vgl. J. Kocka, ‚1945: Neubeginn oder Restauration?', in: C. Stern, H.A. Winkler (Hg.), *Wendepunkte deutscher Geschichte 1848–1990*, Frankfurt am Main 1994, 153–154.

[85] Vgl. Wolffsohn, *Angst*, 123.

ständigen Nazis eine wichtige Rolle gespielt hatte.[86] Diese begrenzte Form der Selbstreinigung lag übrigens auf der Linie der Säuberungspläne des konservativ-bürgerlichen und militärischen Widerstands während des Krieges. Wäre der Anschlag auf Hitler am 20. Juli 1944 geglückt, dann hätte Carl Goerdeler in einer Radiorede zur Bestrafung und Säuberung darauf hingewiesen, daß nicht die Mitgliedschaft in einer bestimmten Organisation ausschlaggebend sein werde: „Es geht nicht um die Frage Parteigenosse oder Volksgenosse [...]. Es geht nicht um die Frage: SS, SA oder welche Organisation auch immer. Es geht um die Frage: anständig oder unanständig."[87] Eine solche Unterscheidung mag künstlich und vage sein und in der Praxis die Frage nach der persönlichen Verstrickung in den Hintergrund gedrängt haben, in den ersten Nachkriegsjahren war sie in der Tat ein Kriterium, das für viele den Blick auf das Dritte Reich bestimmte.

Zum zweiten ist *Renazifizierung* ein unrichtiger Begriff, da die zurückgekehrten ehemaligen Nationalsozialisten keinerlei bedenkliche politische Aktivitäten entfalteten und sich nahezu reibungslos in die Demokratie im Aufbau einfügten. Obwohl in den ersten Nachkriegsjahren ungefähr die Hälfte der Bevölkerung noch der Meinung war, der Nationalsozialismus sei „eine gute Idee, die schlecht ausgeführt worden sei",[88] hatte das Hitler-Regime sich durch seine Verbrechen so diskreditiert, daß man zugleich die Distanz suchte. Mit öffentlichen Sympathiebekundungen für das Dritte Reich hätte man rasch den Verdacht auf sich geladen, ein unanständiger Nazi gewesen zu sein, und einen solchen Verdacht wollte die große Mehrheit nun gerade vermeiden – sei es aus politisch-moralischen Gründen, Karrieredenken oder beidem. Ein Wiederaufleben der NS-Bewegung wünschten höchstens einige *Unverbesserliche*. Die deutsche Bevölkerung verlangte nach Ruhe, Sicherheit und Wiederaufbau, nicht nach einer neuen Politisierung und Ideologisierung.

Gemessen an den ursprünglichen Zielen ist die Entnazifizierung mißlungen, man könnte auch sagen: mußte sie mißlingen, da die Alliierten die gesamte Bevölkerung durchleuchten wollten und sich nicht auf die Säuberung einer kleinen Spitze beschränkten. Angesichts der breiten Basis des Nationalsozialismus mochte das aus der Perspektive von 1945 verständlich sein, aber durchführbar war es aufgrund der ökonomischen, administrativen und sozialpsychologischen Folgen nicht. Es ist aber nicht richtig, unter Hinweis auf das schließliche quantitative Ergebnis (vgl. Tabelle, S. 40) die gesamte Entnazifizierung als ein Fiasko anzusehen. Ebenso wie die Nürnberger Prozesse trug die Entnazifizierungspolitik zur fortschreitenden Diskreditierung des NS-Regimes bei. Für

---

86 Vgl. Henke, *Trennung*, 58 ff.

87 Selbstverständlich hatte diese Rede auch das Ziel, größere Unruhen in Deutschland zu vermeiden und Widerstand gegen die neuen Machthaber zu verhindern. Die geplante Radiorede Goerdelers ist teilweise abgedruckt in: Vollnhals, *Entnazifizierung*, 67–70.

88 Vgl. Bergmann, *Reaktion*, 328.

dessen verbrecherischen Charakter lieferte diese Politik durch die ausführliche Berichterstattung in der Presse und die Gespräche auf der Straße vielfältige und für jeden sichtbare Beweise. Nur die Verbreitung dieser Einsichten konnte die Basis für einen konstruktiven Umgang mit der Vergangenheit bilden. Daß zu Anfang dabei viele über die Unterscheidung von anständigen und unanständigen Nazis nicht hinauskamen, mag man aus einer moralischen Perspektive ein mageres Ergebnis nennen, aber es bedeutete einen Fortschritt auf dem Weg der Abwendung vom Nationalsozialismus. Dieser Weg wird vor allem sichtbar, wenn man den Blick auf die Einrichtung der demokratischen Bundesrepublik richtet. Die zentrale Frage lautete, inwiefern die Millionen „anständiger" Nazis sich mit dieser Bundesrepublik identifizieren würden.[89]

Die relative Stille der fünfziger Jahre

In der frühen Bundesrepublik waren die Demokraten der Weimarer Republik politisch tonangebend. Ihr gemeinsames Ziel war der Aufbau einer institutionell stabilen und dadurch beständigen Demokratie. In verschiedenen Bundesländern wurde in den Verfassungen der Widerstand gegen „verfassungswidrig ausgeübte Gewalt" als Recht und Pflicht jedes Bürgers festgeschrieben.[90] Auch das Grundgesetz der Bundesrepublik, das am 23. Mai 1949 in Kraft trat, zeigt, welche Lehren aus dem Untergang der Weimarer Republik und dem verbrecherischen Charakter des Dritten Reiches gezogen wurden. So standen die bürgerlichen Grundrechte nicht nur am Beginn des Grundgesetzes, sie konnten auch nicht mehr abgeändert werden. Die politische Struktur der Bundesrepublik, durch den verfassungsgebenden Parlamentarischen Rat seit September 1948 ausgearbeitet, kann man als ein ausgeglichenes System von *checks and balances* verstehen, das einen erneuten Untergang der demokratischen Republik verhindern sollte.[91] So fungierte die Vergangenheit als Gegenpol des westdeutschen Staates. Die antitotalitäre „Staatsdoktrin" der Bundesrepublik wurde von allen wichtigen politischen Parteien getragen, wobei der Nationalsozialismus zwar in oft sehr allgemeinen Wendungen, aber für jeden deutlich sichtbar als verbrecherischer Irrweg gebrandmarkt wurde. Daß es sich dabei um mehr als nur offizielle Rhetorik handelte, zeigte sich u. a. bei den kontroversen Debatten um die Wiederbewaffnung. Sie illustrierten, wie stark auch in der Bevöl-

[89] Vgl. Wielenga, *Revolutie*, 177–219.

[90] Vgl. Grosser, *Verbrechen*, 109.

[91] Vgl. dazu ausführlich Wielenga, *Revolutie*, 179 ff.

kerung Militarismus und Nationalismus diskreditiert waren. Dasselbe galt für die rechtsextremen Parteien, die keine wesentliche Rolle spielten.[92]

Innenpolitisch definierte sich die Bundesrepublik als eine *streitbare Demokratie*, in der Außenpolitik betrachtete der westdeutsche Staat sich als Rechtsnachfolger des Deutschen Reiches und ging seiner Verantwortung nicht aus dem Weg. Für die Bundesregierung unter der Führung von Konrad Adenauer war die Integration in den Westen das alles beherrschende Ziel und das implizierte auch, daß der junge Staat in Wort und Tat seinen Bruch mit der Vergangenheit zeigen mußte. In Adenauers Konzept war die Integration in den Westen nicht nur der schnellste und sicherste Weg zu Souveränität und einer gleichberechtigten Stellung der Bundesrepublik in der westlichen Gemeinschaft. Er wollte auch endgültig mit der alten deutschen *Schaukelpolitik* zwischen Ost und West brechen und durch die dauerhafte Einbettung den Weg zu neuer deutscher Ruhelosigkeit blockieren. Die Wahlergebnisse der fünfziger Jahre illustrieren, daß diese Politik an das Bedürfnis der Deutschen nach Ruhe und Sicherheit nach den Schrecken des Krieges anschloß. Nicht die Wiedervereinigungsbestrebungen der SPD, sondern Adenauers Integrationspolitik wurde honoriert. So sehr die Bevölkerung die deutsche Einheit auch wollte, für unsichere Experimente in der Außenpolitik – und eine Annäherung an die Sowjetunion zur Regelung der deutschen Frage wäre so ein unsicheres Experiment gewesen – war sie nicht zu mobilisieren.[93]

Natürlich ging es bei der Aussöhnung und der Normalisierung der Beziehungen zur westlichen Welt in erster Linie um das nüchterne deutsche Interesse, so schnell wie möglich als gleichberechtigter Partner aufgenommen zu werden, aber das bedeutet nicht, daß politisch-moralische Überlegungen fehlten.[94] Wie sehr solche Überlegungen bei Deutschlands Weg zurück zu einem respektierten Platz in der internationalen Politik eine Rolle spielten, sieht man deutlich an Adenauers Politik gegenüber Israel. In den Notizen für seine Memoiren hielt er rückblickend 1964 die Stichworte fest: „Israelabkommen 1952 – Sühne an den Juden. Eine innere Verpflichtung wiedergutzumachen, soweit das überhaupt möglich war. Das Israelabkommen von ausschlaggebender Bedeutung für das Ansehen der Deutschen in der Welt." Mit Hinweis auf seinen ersten Staatsbesuch in den USA fügte er hinzu: „Wenn nicht Israelabkommen abge-

---

[92] Die einzige Ausnahme bildete die *Sozialistische Reichspartei* (SRP), die 1951 bei Landtagswahlen in Niedersachsen und Bremen 11 bzw. 7,7 % der Stimmen gewann. Diese offen neonazistische Partei wurde 1952 durch das Bundesverfassungsgericht für verfassungsfeindlich erklärt und verboten.

[93] Vgl. F. Wielenga, ‚Het Duitse vraagstuk 1945–1990', in: A. Bosch, L. H. M. Wessels, *Veranderende grenzen. Nationalisme in Europa 1919–1989*, Nimwegen 1992, 413–438.

[94] Vgl. zur Normalisierung der niederländisch-deutschen Beziehungen: F. Wielenga, *West-Duitsland: partner uit noodzaak. Nederland en de Bondsrepubliek 1949–1955*, Utrecht 1989; vgl. zur Nachkriegsepoche insgesamt ders., ‚Der Weg zur neuen Nachbarschaft nach 1945', in: Niedersächsische Landeszentrale für politische Bildung (Hg.), *Die Niederlande und Deutschland. Nachbarn in Europa*, Hannover 1992, 124–142.

schlossen wäre, wäre der Besuch in den Vereinigten Staaten nicht so erfolgreich verlaufen".[95] In Jaspers' Terminologie der *politischen Schuld* übernahm die Bundesrepublik unter Adenauer die politische Verantwortung für die im Dritten Reich an den Juden begangenen Verbrechen. Besonders wichtig ist dabei, daß die Politik gegenüber Israel völlig frei von alliiertem Druck war. Im Gegenteil – die Amerikaner bremsten eher die deutsch-israelischen Gespräche, da sie fürchteten, daß die Bundesrepublik durch die Wiedergutmachungsleistungen an Israel und die Ausgaben für die gleichzeitig beginnende Wiederbewaffnung finanziell überlastet würde.[96] Adenauer ließ sich aber von seinem Kurs nicht abbringen und ging ohne große Bedenken hinsichtlich der finanziellen Konsequenzen Verpflichtungen für die Bundesrepublik ein. Nach Verhandlungen in Wassenaar wurde im September 1952 in Luxemburg ein Vertrag geschlossen, in dem die Bundesrepublik sich verpflichtete, in zwölf Jahren drei Milliarden DM an den Staat Israel und noch einmal 450 Millionen DM an jüdische Organisationen zu zahlen. Während der Suez-Krise (1956) widersetzte sich Adenauer amerikanischem Druck, die Zahlungen an Jerusalem auszusetzen, bis Israel sich aus dem Sinai zurückgezogen habe. Ein Jahr später begann er mit geheimen Waffenlieferungen an den jüdischen Staat, der in seinem dichotomischen Weltbild zum Westen gehörte. Kurz gesagt, gegenüber Israel gingen für Adenauer moralische Pflicht und Realpolitik Hand in Hand. Es führt eine direkte Linie von Adenauers Politik gegenüber dem Westen und Israel zu Willy Brandts Versöhnungspolitik gegenüber Ost- und Mitteleuropa. Über seinen spontanen Kniefall 1970 im ehemaligen Warschauer Ghetto schrieb ein Journalist: „Dann kniet er, der das nicht nötig hat, für alle, die es nötig haben, aber nicht knien – weil sie es nicht wagen oder nicht können oder nicht wagen können."[97]

Für Adenauer galt noch stärker als für Brandt, daß er der Mehrheit der Bevölkerung in seiner konkreten Versöhnungspolitik voraus war. 1952 sprachen sich nur 11 % der Bevölkerung ohne Einschränkung für den Vertrag mit Israel aus, 24 % waren zwar für Wiedergutmachung aber fanden die Summe zu hoch, während für 44 % der Vertrag „überflüssig" war.[98] Auch auf der politischen Ebene war der Vertrag umstritten; in seiner eigenen Partei fand Adenauer dafür nicht genügend Unterstützung, und nur mit Hilfe der oppositionellen SPD bekam er eine Mehrheit im Bundestag. Davon unbe-

---

[95] Zitiert bei H.-P. Schwarz, *Adenauer. Der Staatsmann: 1952–1967*, Stuttgart 1991, 541.

[96] Vgl. dazu ausführlich M. Wolffsohn, *Ewige Schuld? 40 Jahre deutsch-jüdische-israelische Beziehungen*, München 1989, 21 ff.; vgl. auch ders., ‚Das deutsch-israelische Wiedergutmachungsabkommen von 1952 im internationalen Zusammenhang', in: *Vierteljahrshefte für Zeitgeschichte* 36 (1988) Nr.4, 691–731.

[97] Zitiert bei W. Brandt, *Erinnerungen*, Frankfurt am Main 1989, 214; dort schreibt Brandt zu seinem Kniefall: „Am Abgrund der deutschen Geschichte und unter der Last der Millionen Ermordeten tat ich, was Menschen tun, wenn die Sprache versagt."

[98] Vgl. Wolffsohn, *Schuld*, 25–27.

rührt bleibt aber, daß in den fünfziger Jahren eine demokratische politische Elite diese politische Verantwortung für Deutschland übernahm. Ebenso wie in der Debatte um die Schuldfrage unmittelbar nach dem Krieg vertrat diese Richtung eine relativ kleine Gruppe, ohne daß sie dafür eine wirklich breite Unterstützung in der Bevölkerung genoß. Aber ebenso wie in der Schuldfrage, bei den Nürnberger Prozessen und bei der Entnazifizierung blieb die politische Rhetorik dieser Elite nicht folgenlos. Sie bestimmte nicht nur in erheblichem Maße das Gesicht der Bundesrepublik nach außen, sondern formte auch die Identität des Staates nach innen.

Das oben Gesagte bedeutet aber keineswegs, daß die politischen Parteien ständig die nationalsozialistische Vergangenheit thematisierten. Im Gegenteil, auch der Teil der politischen Elite, der der Verantwortung Deutschlands nicht aus dem Weg gehen wollte, war auf die Mehrheit der Wähler angewiesen, die die Vergangenheit hinter sich lassen wollten. Die Millionen ehemaliger Nationalsozialisten, die zurückgekehrten Soldaten und die mehr als 10 Millionen Vertriebenen – so heterogen sie auch waren – wollten kein deutsches *mea culpa,* sondern Wiederaufbau und ein „normales" Leben unter der Führung selbstbewußter Politiker. Auch für Adenauer lag in den fünfziger Jahren die unmittelbare Nachkriegszeit weit zurück, in der er in Wahlreden die Schuldfrage noch angesprochen hatte. Drastisch formuliert Adenauers Biograph Hans-Peter Schwarz, daß der Bundeskanzler „vom neurotischen Dauergeschwätz über die NS-Vergangenheit" nichts wissen wollte.[99] Und nicht nur das – als 1960 die SPD den ehemaligen Emigranten Willy Brandt als Kanzlerkandidat aufbaute, stellte Adenauer auf einer Versammlung der Parteiführung der CDU Brandts Vergangenheit zur Diskussion. Die in den Aufzeichnungen indirekt wiedergegebenen Worte Adenauers lauteten: „Wenn er sich vorstelle, daß Brandt als Kanzlerkandidat der SPD in Frage komme, daß in der SPD auch Wehner sei, der in Moskau ausgebildet worden ist, und dann aus irgendwelchen Gründen, zu denen es verschiedene Lesarten gebe, zur SPD herübergewechselt ist, und daß Brandt jedenfalls Mitglied der norwegischen Armee gewesen ist und man fände nichts daran, dann müsse er schon sagen, daß er erschüttert sei über den Mangel an National- und Selbstwertgefühl des deutschen Volkes." Und mit Blick auf die baldigen Bundestagswahlen fügte er hinzu: „Man müsse sich jetzt überlegen, was zur Aufklärung über Brandt zu geschehen habe."[100]

Adenauer machte mit seinen Aussagen nicht nur deutlich, daß er linke Emigranten eigentlich als Landesverräter ansah, sondern er glaubte, mit dieser Überlegung auch über eine Waffe im Wahlkampf zu verfügen. Tatsächlich waren die ehemaligen Emigranten in den fünfziger Jahren keineswegs populär. Einer Meinungsumfrage vom Herbst 1954 zufolge lehnten ungefähr 40 % der Bevölkerung Emigranten in hohen

---

[99] Vgl. Schwarz, *Staatsmann*, 527.

[100] Zitiert ebenda, 596.

Regierungsämtern ab, während nur 13 % bereit waren, sie zu unterstützen.[101] Auch Adenauers Ausfall gegen den früheren Kommunisten Herbert Wehner paßte in das politische Klima der fünfziger Jahre. Als Produkt des Kalten Krieges und mit der DDR als Gegenpol erfüllte der Antikommunismus in der Bundesrepublik eine spezifische Funktion. Nun demokratisch legitimiert, baute er auf dem Antibolschewismus der Nationalsozialisten auf und bildete ein wichtiges ideologisches Fundament der Integration von Millionen ehemaliger Nationalsozialisten in den westdeutschen Staat.

Damit rückt das zentrale Merkmal der fünfziger Jahre in den Blick: Die in den Jahren 1945–1947/48 geführte Debatte über Schuld, Kriegsverbrechen und Entnazifizierung hatte sich abgeschwächt; stärker als jemals zuvor oder danach war der Blick auf die Zukunft gerichtet, die auf vielen Gebieten bereits sichtbar wurde. Die ausgebombten Städte entstanden neu, die hohe Arbeitslosigkeit der Nachkriegszeit schwand, und für den wiederhergestellten Familienverband wurden Auslandsurlaube möglich. Je mehr Früchte das Wirtschaftswunder trug, desto mehr verflüchtigte sich die Vergangenheit. Kurz nach dem Krieg errichtete Denkmäler für die Opfer des Dritten Reiches verfielen, wurden abgebaut oder machten entpolitisierten Mahnmalen Platz, deren Inschriften aller Kriegsopfer gedachten.[102] In den Schulbüchern waren die Abschnitte über die Verbrechen des Dritten Reiches kurz und allgemein gehalten, wobei die Verantwortung auf Hitler geschoben wurde und die vielen anderen Täter außerhalb des Blickfeldes blieben. Auch die Westmächte trugen zu dieser Entwicklung bei, indem sie unter Führung der Vereinigten Staaten auf die deutsche Wiederbewaffnung drängten, verurteilte NS-Verbrecher begnadigten[103] und die Bundesrepublik 1955 als praktisch gleichberechtigten Partner in die westliche Gemeinschaft aufnahmen.

Neben dem Schwinden des Bildes der Vergangenheit fand aber auch eine Konkretisierung statt. Von nicht zu unterschätzender Bedeutung waren z. B. die Forschungsergebnisse des 1949/50 in München gegründeten *Instituts für die Erforschung der nationalsozialistischen Zeit*, kurze Zeit später in *Institut für Zeitgeschichte* umgetauft. Natürlich hatten die vom Institut herausgegebenen *Vierteljahrshefte für Zeitgeschichte* keinen großen Leserkreis, aber in München war doch ein Zentrum entstanden, das durch qualita-

---

101 Vgl. Reichel, *Vergangenheitsbewältigung*, 159.

102 Vgl. die sehr illustrative Broschüre *Steine des Anstoßes. Nationalsozialismus und Zweiter Weltkrieg in Denkmalen 1945–1985* von H. Marcuse, F. Schimmelfennig und J. Spielmann, herausgegeben vom Museum für Hamburgische Geschichte 1985; D. Garbe, ‚Gedenkstätten: Orte der Erinnerung und die zunehmende Distanz zum Nationalsozialismus', in: Loewy (Hg.), *Holocaust*, 260–284; Übersicht über die wichtigsten Denkmale und Orte in: Bundeszentrale für politische Bildung (Hg.), *Gedenkstätten für die Opfer des Nationalsozialismus. Eine Dokumentation*, Bonn 1988.

103 Vgl. Th. A. Schwartz, ‚Die Begnadigung deutscher Kriegsverbrecher. John McCloy und die Häftlinge von Landsberg', in: *Vierteljahrshefte für Zeitgeschichte* 38 (1990) Nr.3, 375–414.

tiv hochwertige Forschung den Grund für eine spätere Verbreitung des Wissens über das Dritte Reich legte.

Auch in der Literatur wurde die Vergangenheit thematisiert, wobei so gut wie ausnahmslos von einer „Verdammung des Dritten Reiches" die Rede war. Bezeichnend war der Verkaufserfolg von Ernst von Salomons Buch *Der Fragebogen*, in dem einerseits die Entnazifizierung lächerlich gemacht wurde, aber aus dem gleichzeitig eine „geradezu wütende Distanzierung von nationalsozialistischer Ideologie und NS-Bewegung, nicht zuletzt von Rassismus und Antisemitismus" sprach.[104] Von dem Tagebuch der Anne Frank wurden zwischen 1950 und 1958 700 000 Exemplare verkauft, und dem Historiker Hermann Graml zufolge war die Wirkung vergleichbar mit dem Resultat der Ausstrahlung des Fernsehfilms *Holocaust* 1979.[105] Andererseits hatte Erich Maria Remarque große Mühe, für sein Manuskript *Der Funke Leben* über das Konzentrationslager Buchenwald einen Verlag zu finden. Der große Schweizer Scherz-Verlag brach sogar einen früher geschlossenen Vertrag, da man eine „Flut von Angriffen" gegen Autor und Verlag von Seiten der deutschen Bevölkerung befürchtete. Als das Buch 1952 bei Kiepenheuer & Witsch erschien, waren die Reaktionen, so Remarque selbst, „zum größten Teil feindselig, vorsichtig und zurückhaltend, – zu einem kleinen Teil wurde das Buch ohne Einwände angenommen".[106] Der Unterschied in der Aufnahme der beiden Bücher kann ebenfalls als kennzeichnend für den Umgang mit dem Dritten Reich in den fünfziger Jahren gelten: Vielen ging es nicht so sehr um ein „Nichtwahrhabenwollen" sondern eher um ein „Nichtgenauwissenwollen" und „Nichtertragenkönnen" der eigenen deutschen Verbrechen.[107] Bei der Lektüre von Anne Franks Tagebuch ist der Mord an der Autorin zwar stets gegenwärtig, aber die Präsenz dieses Verbrechens – stellvertretend für den millionenfachen Mord – bleibt indirekt. Dagegen beschreibt Remarque in *Der Funke Leben* äußerst detailliert die Schrecken von Untergang und Tod in Buchenwald, obendrein mit Deutschen in einer verbrecherischen Hauptrolle.[108]

---

[104] H. Graml, ‚Die verdrängte Auseinandersetzung mit dem Nationalsozialismus', in: M. Broszat (Hg.), *Zäsuren nach 1945. Essays zur Periodisierung der deutschen Nachkriegsgeschichte*, München 1990, 176.

[105] Ebenda.

[106] Th. F. Schneider, T. Westphalen, *‚Reue ist undeutsch'. Erich Maria Remarques ‚Der Funke Leben' und das Konzentrationslager Buchenwald. Katalog zur Ausstellung*, Bramsche 1992; vgl. für die Zitate 21 bzw. 153.

[107] Analog zu Norbert Freis Typisierung der Geschichtsschreibung über die Shoah in den fünfziger Jahren; vgl. Herbert, Groehler, *Bewältigung*, 71.

[108] Selbstverständlich ist diese Erklärung vereinfachend. Zur unterschiedlichen Aufnahme der beiden Bücher müssen auch literarische Faktoren berücksichtigt werden.

„Man muß *beweisen*, daß Demokratie besser ist", hatte Kogon 1947 in seiner Kritik der Entnazifizierung geschrieben.[109] Und dieser Beweis wurde in den fünfziger Jahren angetreten. Politische Stabilität, wachsender Wohlstand und die Rückkehr Deutschlands auf die internationale politische Bühne – der westdeutsche Staat bot eine Stütze nach dem Zusammenbruch von 1945. Gleichzeitig wurde es relativ still um die NS-Vergangenheit. Der Philosoph Hermann Lübbe hat diese Periode als eine Phase „gewisser Stille" charakterisiert, die eine sozialpsychologisch und politisch notwendige Funktion im Aufbau der Bundesrepublik erfüllte. Die Mehrheit der Bevölkerung, so Lübbe 1983, habe Hitler unterstützt und sich mit dem Dritten Reich identifiziert: „Gegen Ideologie und Politik des Nationalsozialismus mußte der neue deutsche Staat eingerichtet werden. Gegen die Mehrheit des Volkes konnte er schwerlich eingerichtet werden."[110] Damit meinte Lübbe nicht, daß der Nationalsozialismus im Nachkriegsdeutschland noch Millionen versammeln könnte, diese Gefahr sah er zu Recht gebannt. Es ging Lübbe darum, daß die Integration der Millionen ehemaliger Nationalsozialisten in die demokratische Bundesrepublik nur durch eine gewisse öffentliche Zurückhaltung gegenüber der NS-Vergangenheit und durch das „kommunikative Beschweigen" der Täter und Opfer möglich war. Zusammengefaßt lautete seine These, daß „die gewisse Zurückhaltung in der öffentlichen Thematisierung individueller oder auch institutioneller Nazi-Vergangenheiten [...] eine Funktion der Bemühung war, zwar nicht diese Vergangenheiten, aber doch ihre Subjekte in den neuen demokratischen Staat zu integrieren".[111]

Lübbes These blieb nicht ohne Widerspruch, da er angeblich eine Legitimation für die von Ralph Giordano so genannte „zweite Schuld", die Verdrängung und Leugnung der NS-Vergangenheit, geliefert habe. Kritiker warfen Lübbe vor, daß er der westdeutschen Gesellschaft die Argumente an die Hand gegeben hatte, um nicht nur sehr zufrieden auf den Umgang mit der NS-Vergangenheit zurückzublicken, sondern auch die Diskussion darüber abzuschließen und ein normales historisches Bewußtsein aufzubauen.[112] Obwohl diese Kritik manchmal übertrieben scharf formuliert wurde, war sie nicht völlig falsch. Ein gerechtfertigter Einwand gegen Lübbes These ist, daß damit *jede* Kritik an der „gewissen Stille" der fünfziger Jahre zurückgewiesen werden kann, da er diese

---

[109] Kogon, *Recht*, 655.

[110] H. Lübbe, ‚Der Nationalsozialismus im deutschen Nachkriegsbewußtsein', in: *Historische Zeitschrift* 1983, Bd.236, 586.

[111] Ebenda, 587.

[112] Vgl. Reichel, *Vergangenheitsbewältigung*, 162; M. Zimmermann, ‚Negativer Fixpunkt und Suche nach positiver Identität. Der Nationalsozialismus im kollektiven Gedächtnis der alten Bundesrepublik', in: Loewy (Hg.), *Holocaust*, 130; B. Rauschenbach, ‚Erbschaft aus Vergessenheit. Zukunft aus Erinnerungsarbeit', in: ders. (Hg.), *Erinnern*, 46 ff.

Stille schließlich als notwendig für den Aufbau der Bundesrepublik ansieht. In seiner Interpretation wird der tatsächliche Umgang mit der NS-Vergangenheit fast zum einzig denkbaren. Es bleibt außer Betracht, daß auf vielen Gebieten sehr wohl eine andere Haltung hätte eingenommen werden können und andere Beschlüsse möglich gewesen wären. Dies gilt z. B. für die Prozesse gegen NS-Verbrecher, die in den frühen fünfziger Jahren praktisch zum Stillstand kamen, für die vorzeitige Entlassung von Verurteilten, für die gesellschaftliche Gleichgültigkeit gegenüber den Opfern, für die (langjährige) Ministertätigkeit Theodor Oberländers (1953–1960), der „braun", ja „tiefbraun" gewesen war,[113] und – ohne eine vollständige Aufzählung zu geben – für den freilich sehr komplizierten Fall des Staatssekretärs im Kanzleramt, Hans Globke, der einen juristischen Kommentar zu den Nürnberger „Rassegesetzen" verfaßt hatte.

Diese Einwände tasten aber den Kern von Lübbes Integrationsthese nicht an. Um zu einem stabilen demokratischen Staat heranzuwachsen, war die Bundesrepublik auf dieselbe Bevölkerung wie die des Dritten Reiches angewiesen. Millionen ehemaliger Nazis in „Quarantäne" hätten zu einer Brutstätte von Ressentiments, Verbitterung und NS-Nostalgie geführt. Anders ausgedrückt: „Von dieser Demokratie [...] konnte man schwerlich erwarten, sie werde die Vergangenheit ihrer Bürger als eine ständige und heftige Anklage gegen ihre Bürger thematisieren."[114] Das mag vom moralischen Standpunkt aus unbefriedigend und für viele Opfer des NS-Regimes im In- und Ausland schmerzlich gewesen sein, aber dieser Integrationskurs war insgesamt politisch sinnvoll.

Zusammenfassend verdient das Bild der fünfziger Jahre als einer Periode der Leugnung und Verdrängung der nationalsozialistischen Vergangenheit Nuancierung. Bei näherer Betrachtung ist es die Gleichzeitigkeit von verschiedenen, z. T. widersprüchlichen Tendenzen, die ins Auge fällt. Von einer tiefgreifenden moralischen Katharsis konnte sicher keine Rede sein, aber die Vergangenheit war auf vielen Gebieten ständig präsent als Gegen-Identität der jungen Demokratie, und sie bildete die Basis einer politischen Katharsis.[115] Der Umgang mit dem Dritten Reich machte sicherlich oft einen halbherzigen Eindruck und zeugte selten von großer moralischer Sensibilität. Aber obwohl der Antifaschismus in den fünfziger Jahren manchmal hilflos erschien, nicht immer sichtbar und ebensowenig ohne innere Widersprüche war – in der relativen Stille dieser Zeit vollzog sich doch eine weitere und glaubwürdige Abkehr vom Nationalsozialismus.[116]

---

[113] Das gab auch Adenauer zu, zitiert bei Schwarz, *Staatsmann*, 530.

[114] Kielmansegg, *Schatten*, 19.

[115] Vgl. Kielmansegg, *Schatten*, 70; vgl. auch K. Sontheimer, *Die Ära Adenauer. Grundlegung der Bundesrepublik*, München 1991, 175–188.

[116] Vgl. Graml, *Auseinandersetzung*, 172,180–181.

In den ersten Nachkriegsjahren begannen nicht nur die Alliierten, sondern auch die deutschen Justizbehörden innerhalb der durch die Besatzungsmächte festgesetzten Beschränkungen mit der Verfolgung von Verbrechen aus dem Dritten Reich. Die Beschränkungen beinhalteten, daß die deutsche Justiz nur solche Verbrechen verfolgen durfte, deren Opfer Deutsche selbst oder staatenlose Personen geworden waren. In der Regel fanden diese Prozesse nach einer Klage der Opfer oder ihrer Familienangehörigen gegen namentlich benannte Personen statt, deren Aufenthaltsorte in der Regel bekannt waren. Dabei ging es u. a. um Personen, die an dem sogenannten Röhm-Putsch 1934, an der *Reichskristallnacht* 1938 und an dem organisierten Mord an geistig und körperlich Behinderten teilgenommen hatten. Wegen solcher Delikte wurden von deutschen Gerichten bis 1950 rund 5000 Urteile verkündet.[117]

1950 hoben die Alliierten die genannten Beschränkungen der westdeutschen Justiz auf. Dies führte aber nicht zu einer Zunahme der Anzahl der Strafsachen. Im Gegenteil, das Jahr 1950 markiert den Beginn einer zweiten Phase, in der die strafrechtliche Verfolgung von NS-Verbrechern praktisch völlig zum Stillstand kam: Die Anzahl der Verurteilungen sank von 1523 im Jahr 1949 auf 21 im Jahr 1955.[118] Dieser Rückgang ist oft mit der personellen Kontinuität des Justizapparates vom Dritten Reich zur Bundesrepublik in Verbindung gebracht worden.[119] Die Erklärung ist sicher teilweise richtig, aber sie ist auch unvollständig. Die abnehmende Aktivität des Justizapparates fügte sich ein in das allgemeine gesellschaftliche Klima dieser Epoche, das die Vergangenheit ruhen lassen wollte. Hervorzuheben ist auch, daß in dieser Zeit verschiedene gesetzliche Amnestieregelungen in Kraft gesetzt wurden, die die Verfolgung einer Reihe von Delikten ausschlossen. Besonders der rechte Flügel des Bundestages drang in den frühen fünfziger Jahren immer wieder auf eine Amnestie und ein Ende der Prozesse. Für die Zeit nach 1955 muß auf die behindernde Wirkung des in diesem Jahr zwischen den Alliierten und der Bundesrepublik geschlossenen Überleitungsvertrages verwiesen werden, der Teil einer umfassenden Regelung zur endgültigen Beendigung der alliierten Besatzung war. In diesem Vertrag war festgehalten, daß diejenigen, die für eine bestimmte Tat bereits durch die Alliierten strafrechtlich verfolgt worden waren, hierfür nicht erneut vor ein westdeutsches Gericht geladen werden durften, unabhängig von

---

[117] Vgl. Kielmansegg, *Schatten*, 45; A. Rückerl, ‚Staatsanwaltschaftliche Ermittlung der NS-Verbrechen – Schwierigkeiten und Ergebnisse', in: Weber, Steinbach (Hg.), *Vergangenheitsbewältigung*, 72–73.

[118] Vgl. G. Jasper, ‚Wiedergutmachung und Westintegration. Die halbherzige justizielle Aufarbeitung der NS-Vergangenheit in der frühen Bundesrepublik', in: Herbst (Hg.), *Unterwerfung*, 186.

[119] Vgl. I. Müller, *Furchtbare Juristen. Die unbewältigte Vergangenheit unserer Justiz*, München 1987; J. Friedrich, *Die kalte Amnestie. NS-Täter in der Bundesrepublik*, Frankfurt am Main 1988.

neuem Beweismaterial und einem eventuellen früheren Freispruch oder einer Verfahrenseinstellung.

Als Problem für eine angemessene Verfolgung erwies sich vor allem, daß die Bundesrepublik die von den Alliierten in Nürnberg angewandten juristischen Kategorien nicht übernahm. Angesichts der Art der Verbrechen und der Tatsache, daß viele dieser Verbrechen nach geltendem nationalem und internationalem Recht nicht zu verfolgen waren, hatten die Alliierten neue strafrechtliche Begriffe eingeführt und zwischen Kriegsverbrechen und Verbrechen gegen die Menschlichkeit unterschieden. Infolgedessen wurden in Nürnberg Urteile für Taten gefällt, die zu dem Zeitpunkt, als sie begangen wurden, nach bestehendem Recht nicht strafbar waren. Die Alliierten hatten also – übrigens aus gerechtfertigten Gründen – den allgemein gültigen juristischen Grundsatz *nulla poena sine lege* (keine Strafe ohne Gesetz) außer acht gelassen. Die Bundesrepublik folgte diesem Weg bewußt nicht. In Artikel 103, Absatz 2 des Grundgesetzes wurde der genannte Grundsatz ausdrücklich festgeschrieben: „Eine Tat kann nur bestraft werden, wenn die Strafbarkeit gesetzlich bestimmt war, bevor die Tat begangen wurde." Aus politischen und juristischen Überlegungen heraus widersetzte man sich kategorisch jeder Form von „Sonderrecht". Das bedeutete, daß in der Bundesrepublik NS-Verbrechen nur aufgrund des zum Zeitpunkt der Tat geltenden Strafgesetzbuches verfolgt werden konnten, das aber weder auf Art noch Umfang der Verbrechen des Dritten Reiches zugeschnitten war. Allerdings hat man in der Rechtsprechung über NS-Verbrechen die sogenannte „Formel" Gustav Radbruchs benutzt. Radbruch, Strafrechtsgelehrter und Philosoph aus Heidelberg und sozialdemokratischer Justizminister in der Weimarer Republik, hob 1946 hervor, daß zwar die Rechtssicherheit des Bürgers nicht angetastet werden dürfe und daß sich dieser auf bestehende Gesetze und Regeln verlassen können müsse. Aber, so Radbruch mit Blick auf das Dritte Reich, wenn diese Gesetze „in einem schlechthin unerträglichen Maß der Gerechtigkeit widersprechen", seien sie ungültig und müßten von den Gerichten eines demokratischen Rechtsstaates ignoriert werden.[120] Schätzungsweise 100 000 Personen, vom obersten Schreibtischtäter bis zum letzten Befehlsempfänger, waren an dem millionenfachen Mord beteiligt gewesen und dazu vom Staat selbst angestiftet worden. Die große Zahl der Täter, die Menge der Opfer und die bürokratische „Kette" der Massenvernichtung waren für das Strafrecht völlig neu. Es war unmöglich, diese 100 000 Personen zumindest mitschuldig am Mord zu erklären, da das zu dem rechtsstaatlichen Grundsatz, daß die individuelle Schuld des Angeklagten genau nachgewiesen werden muß, im Widerspruch stand. Dieser Nachweis war aufgrund der „Kette" von Betroffenen eine oft komplizierte und langwierige Angelegenheit, deren Ausgang außerdem häufig in einem Spannungsverhältnis zur Realität des Dritten Reiches stand. So wurden in einer Reihe von Fällen Ausführende, die in der

---

[120] Dargelegt bei U. Wesel, ‚Aristoteles, Markus Wolf und die Mauerschützen', in: Marion Dönhoff u. a., *Ein Manifest II. Weil das Land Versöhnung braucht*, Berlin 1993, 92.

Hierarchie ganz unten gestanden hatten, wegen Mordes bestraft. Den sogenannten Schreibtischtätern dagegen, deren Verantwortung in der „Kette" viel größer gewesen war, konnte in vielen Fällen nur Mittäterschaft zur Last gelegt werden.[121]

Die Verantwortung für die Probleme bei der strafrechtlichen Verfolgung lag nicht bei der Justiz, sondern in erster Linie bei Parlament und Regierung. In der relativen Stille der fünfziger Jahre fehlte es ihnen an der politischen Bereitschaft, die Initiative zu ergreifen und die Möglichkeiten für eine systematische Verfolgung zu schaffen. Nicht die Verfolgung sondern die vorzeitige Entlassung paßte ins politische Klima.

Die Wende kam 1958. Den Anlaß dazu bildete ein Prozeß in Ulm gegen Mitglieder eines früheren *Einsatzkommandos*, das in Litauen mindestens 4000 Juden ermordet hatte. Der Prozeß, der übrigens zufällig zustande kam[122], warf Licht auf eine Kategorie von Verbrechen, die außerhalb Deutschlands begangen und bis dahin kaum verfolgt worden waren. Zugleich wurde deutlich, daß es dabei um sehr viele und sehr schwere Fälle ging, während sich überdies die Frage nach anderen noch nicht verfolgten Verbrechen stellte. Im In- und Ausland erregte der Prozeß große Aufmerksamkeit, und verschiedene deutsche Zeitungen forderten, daß Konsequenzen aus diesem Verfahren gezogen würden. Die *Süddeutsche Zeitung* schrieb in einem Kommentar: „Was zu tun bliebe, wäre die endliche Beschaffung und Sichtung des alliierten Materials, die Aufstellung einer zentralen Kartei unter Bemühung des Instituts für Zeitgeschichte, endlich eine zwischen Justiz und Innenministerium von Bund und Ländern zu schaffende Absprache, um in den nächsten Jahren im Rahmen des überhaupt noch Möglichen reinen Tisch zu machen, bevor jener so beliebte ‚Schlußstrich' wirklich guten Gewissens gezogen werden kann."[123] Und so geschah es.

Auf Initiative der Justizminister der Länder wurde noch 1958 die sogenannte *Zentrale Stelle der Landesjustizverwaltungen zur Aufklärung nationalsozialistischer Verbrechen* geschaffen. Diese Einrichtung des Bundes hatte die Aufgabe, systematisch NS-Verbrechen zu untersuchen, die außerhalb des Territoriums der Bundesrepublik begangen und noch nicht verfolgt worden waren. 1964/65 wurde diese Aufgabe erweitert, und seitdem untersucht die *Zentralstelle* alle NS-Verbrechen, sofern es keine Kriegsverbrechen be-

---

121 B. Hey, ‚Die NS-Prozesse – Problem einer juristischen Bewältigung', in: Weber, Steinbach (Hg.), *Vergangenheitsbewältigung*, 58.

122 Nach Artikel 131 des Grundgesetzes der Bundesrepublik Deutschland hatten Beamte das Recht auf eine Position vergleichbar derjenigen, die sie bis 1945 im Staatsdienst innegehabt hatten. 1958 forderte ein ehemaliger hoher Polizeiführer die Einstellung in seine alte Position. Im folgenden Verfahren stellte sich heraus, daß der Betroffene mitverantwortlich für Massaker an Juden im deutsch-litauischen Grenzgebiet war. Er erhielt nicht seine alte Position zurück, sondern wurde zu einer langen Haftstrafe verurteilt; vgl. Steinbach, *Gewaltverbrechen*, 46.

123 *Süddeutsche Zeitung* vom 30./31. August 1958, zitiert bei Steinbach, *Gewaltverbrechen*, 47.

trifft. Bis 1958 war die Verfolgung stark von Zufällen abhängig gewesen; der Justizapparat war nur im Fall eines konkreten Verdachts gegen bestimmte Personen tätig geworden. Durch die Arbeit der in Ludwigsburg ansässigen *Zentralstelle* wurde dieser Ablauf praktisch umgedreht und mit dem systematischen Sammeln von Material über bestimmte Kategorien von Verbrechen an bestimmten Orten begonnen. Mit ihren selbständigen historischen und juristischen Nachforschungen leistete die *Zentralstelle* eine Arbeit, zu der der normale Justizapparat nicht in der Lage war. Auf der Grundlage der Protokolle der Nürnberger Prozesse und der wissenschaftlichen Literatur versuchte man, „Verbrechenskomplexe" zu erfassen und Einblick in das Ausmaß der Schuld aller dabei Betroffenen zu gewinnen. Besonders bedeutsam war außerdem, daß nun erstmals an einem Ort alle Informationen zusammenliefen. War ein „Verbrechenskomplex" erfaßt, wurde versucht, den Aufenthaltsort der Verdächtigen zu ermitteln. War auch das gelungen, übergaben die Ludwigsburger Juristen, die selbst keine Befugnis zur Anklageerhebung hatten, das Material an einen für den Fall zuständigen Staatsanwalt. Wenn der Aufenthaltsort nicht ermittelt werden konnte, wurde das gesammelte Material dem Bundesgerichtshof zur Verfügung gestellt. In vielen Fällen konnte die Sache dann nicht weiter verfolgt werden.[124]

So läutete die Einrichtung der *Zentralstelle* nach der relativen Stille der fünfziger Jahre den Beginn einer dritten Phase in der Verfolgung ein, in der die Zahl der Verurteilungen rasch zunahm. In der Zeit zwischen 1961 und 1965 waren es doppelt so viel wie zwischen 1951 und 1960,[125] wobei besonders der Auschwitz-Prozeß 1964–65 große Aufmerksamkeit erregte. Die Behauptung ist gerechtfertigt, daß allein durch die Arbeit der *Zentralstelle* bis auf den heutigen Tag Prozesse geführt werden. Selbst der sehr kritische Ralph Giordano, der das Ergebnis der Entnazifizierung und die strafrechtliche Verfolgung auf den gemeinsamen Nenner vom „großen Frieden mit den Tätern" gebracht hat, spricht von der „immensen quantitativen Leistung", die die engagierte *Zentralstelle* vollbracht habe.[126] Seit ihrer Einrichtung bis 1984 hat sie mehr als 12 000 richterliche Voruntersuchungen bei der Justiz eingeleitet.[127] 1991 liefen durch sie noch Ermittlungen gegen rund 10 000 Personen und in einzelnen Fällen auch noch Prozesse.[128]

---

[124] Vgl. Chr. Hoffmann, *Stunde Null? Vergangenheitsbewältigung in Deutschland 1945–1989*, Bonn 1992, 121 ff.; Rückerl, *Ermittlung*, 74.

[125] Vgl. Bergmann, *Reaktion*, 236.

[126] Giordano, *Schuld*, 11 bzw. 127.

[127] Vgl. Rückerl, *Ermittlung*, 74.

[128] Vgl. Henke, *Trennung*, 82–83.

Die Wende von 1958 führte nicht nur zu einer Phase aktiver Verfolgung, sondern sie war auch Teil eines allmählichen Wandels der politisch-gesellschaftlichen Einstellung zur NS-Vergangenheit. Die relative Stille ging zu Ende – in den sechziger Jahren würde die Bundesrepublik stärker mit der Vergangenheit konfrontiert werden. Dem *Einsatzkommando*-Prozeß von Ulm folgte Ende 1959 ein weiterer Schock, als in der Weihnachtsnacht Hakenkreuze auf die wieder aufgebaute Kölner Synagoge geschmiert wurden und auch in anderen Orten der Bundesrepublik antisemitische Losungen auftauchten. Bundeskanzler Adenauer versuchte diesen manifesten Antisemitismus zu bagatellisieren, indem er die Täter als „Lümmel" bezeichnete, die „eine Tracht Prügel" verdienten[129], aber so leicht ließ sich die deutsche und ausländische Presse nicht davon überzeugen, daß es sich nur um Einzelfälle gehandelt habe.[130]

Auch Studenten begannen sich zu rühren. Anfang 1960 sprach Adenauer in Köln vor 3000 Studenten, von denen ein Teil geräuschvoll den Rücktritt des bereits erwähnten Theodor Oberländer forderte, der als Bundesvertriebenenminister seine Vorkriegssympathien für die sudetendeutsche NS-Bewegung Konrad Henleins auch in den fünfziger Jahren bekundete.[131] Wichtiger für die sich vollziehende Wende im politisch-gesellschaftlichen Klima war die Entführung Adolf Eichmanns 1960 und der darauf folgende Prozeß in Jerusalem (1961–1962) gegen diesen ehemaligen Chef des sogenannten *Judenreferats* im *Reichssicherheitshauptamt* (RSHA). Die Wirkung der ausführlichen Berichterstattung der Presse muß als eine Fortsetzung der Wirkung der Nürnberger Prozesse angesehen werden. Dabei ging es nun nicht allein um die Verbreitung von Wissen über den bürokratisch organisierten Mord an den europäischen Juden. Vielmehr wurde auch deutlich, daß darüber sehr viele weitaus mehr gewußt haben mußten, als sie nach 1945 zugegeben hatten.[132] Das Dritte Reich schien seit den sechziger Jahren doch nicht so weit zurückzuliegen, wie es in den fünfziger Jahren oft gewirkt hatte.

Dies kam auch in den sogenannten Verjährungsdebatten 1965, 1969 und 1979 zum Ausdruck. Nachdem die SPD 1960 vergeblich versucht hatte, die Verjährung von Totschlag per Gesetz zu verhindern, drohte 1965 auch Mord zu verjähren. Hätte der Bundestag nicht eingegriffen, dann hätten nur noch die Verdächtigen belangt werden kön-

---

129 Vgl. Schwarz, *Staatsmann*, 528–529.

130 Wenn die Berichte ehemaliger Stasi-Offiziere zutreffen sollten, daß die Stasi für die Schmierereien verantwortlich war, hätte Adenauer zwar unerwartet recht bekommen, aber die Bedeutung des Schocks von Weihnachten 1959 würde dadurch nicht geringer. Vgl. zu den damaligen Reaktionen: J. Schwibbert, ‚Die Kölner Synagogenschmierereien Weihnachten 1959 und die Reaktionen in Politik und Öffentlichkeit', in: *Geschichte in Köln*, Heft 33, 1993, 73–96.

131 Zunächst wollte Adenauer davon nichts wissen, aber im Mai 1960 wurde Oberländer doch entlassen; vgl. Schwarz, *Staatsmann*, 530.

132 Vgl. Steinbach, *Gewaltverbrechen*, 51–53.

nen, gegen die am 8. Mai 1965 bereits ein Prozeß lief oder eine juristische Voruntersuchung eingeleitet worden war. Auf alle anderen Mordsachen hätte an diesem Tag die im Strafgesetzbuch festgelegte Verjährungsfrist von 20 Jahren Anwendung gefunden. Im Gegensatz zu den fünfziger Jahren, als der Bundestag die strafrechtliche Verfolgung eher gebremst als stimuliert hatte, ging das Parlament diesmal seiner Verantwortung nicht aus dem Weg.

Die erste Verjährungsdebatte (1965) ist wegen ihrer Ausführlichkeit und ihrer Aufrichtigkeit sogar als ein Höhepunkt westdeutscher Parlamentsgeschichte charakterisiert worden.[133] Dieses Urteil ist nicht falsch, aber zugleich muß man auf den zwiespältigen Charakter der Debatte hinweisen. Einerseits war im Bundestag nie zuvor so offen über Schuld und Verantwortung debattiert worden wie im Frühjahr 1965. Andererseits war aber auch das unverkennbare Bedürfnis zu spüren, das Kapitel der strafrechtlichen Verfolgung abzuschließen. Auffällig war außerdem die Unruhe und das Unbehagen mancher Bundestagsabgeordneter, sobald grundlegendere Fragen zur Sprache gebracht wurden.[134] Hinsichtlich der Offenheit der Aussprache erregte vor allem der Beitrag Adolf Arndts (SPD) Aufmerksamkeit. Arndt, selbst im Dritten Reich verfolgt, kritisierte nicht nur die weitverbreitete Lüge des *Von-nichts-gewußt-habens* sondern sprach auch kritisch über sich selbst: „Ich weiß mich mit in der Schuld. Denn sehen Sie, ich bin nicht auf die Straße gegangen und habe nicht geschrien, als ich sah, daß die Juden aus unserer Mitte lastkraftwagenweise abtransportiert wurden. Ich habe mir nicht den gelben Stern umgemacht und gesagt: ich auch! [...] Ich kann nicht sagen, daß ich genug getan hätte. Ich weiß nicht, wer das von sich sagen will. Aber das verpflichtet uns, das ist ein Erbe."[135] Arndts Fraktionskollege Gerhard Jahn kritisierte, daß zu viele Deutsche die Verantwortung praktisch völlig auf Hitler abgeschoben hätten, und auch andere Abgeordnete sprachen offen von moralischer Schuld in dem Sinne, den Karl Jaspers 1946 damit verbunden hatte.

Eine zentrale Rolle spielte der junge CDU-Abgeordnete Ernst Benda, der als Befürworter der Aufhebung der Verjährungsfrist einer der Initiatoren der Debatte gewesen war. Für ihn stand „die Ehre der Nation" auf dem Spiel, und die reichte über die Verjährungsfrage hinaus. „Das Vergessenwollen verlängert das Exil, und das Geheimnis der Erlösung heißt Erinnerung", lautete der Schlußsatz seiner Rede, für die er großen Ap-

---

[133] Vgl. ebenda, 59.

[134] Vgl. K. Jaspers, *Wohin treibt die Bundesrepublik? Tatsachen – Gefahren – Chancen*, München 1966 (Neudruck 1988), 97 ff.

[135] Deutscher Bundestag (DB), 4. Wahlperiode, 10. März 1965, 8552; vgl. Steinbach, *Gewaltverbrechen*, 54 ff.; vgl. für eine kritische Betrachtung dieser Debatte: Jaspers, *Bundesrepublik*, 17–123.

plaus sowohl von seiner eigenen Partei als auch von der SPD erhielt.[136] Bendas Überzeugungskraft war für den Ausgang der Debatte von großer Bedeutung. Hätte er sich in seiner eigenen Fraktion nicht so massiv gegen die Verjährung von Mord ausgesprochen, wäre diese 1965 eingetreten.[137]

Eine wichtige Frage der Debatte lautete, ob die Aufhebung der Verjährung im Einklang mit dem bereits genannten Artikel 103, Absatz 2 des Grundgesetzes stand. Gegner der Aufhebung betonten, daß der Rechtsstaat am bestehenden Strafrecht festhalten müsse und das Parlament keine Veränderungen aufgrund aktueller politischer oder moralischer Überlegungen vornehmen dürfe. Zweifellos verbarg sich bei manchem Abgeordneten hinter dieser streng juristischen Argumentation das Bedürfnis, im strafrechtlichen Sinn einen Schlußstrich unter die Vergangenheit zu ziehen, ohne öffentlich dafür eintreten zu müssen. Und damit rückt die andere Seite der Debatte ins Blickfeld.

Selbstverständlich verurteilten alle Parteien die NS-Verbrechen, aber es erwies sich als schwierig, zu einer Regelung zu kommen, die von einer breiten Parlamentsmehrheit getragen werden konnte. Die Regierung aus CDU/CSU und FDP ergriff nicht die Initiative zur Aufhebung der Verjährung, da die Union selbst zerstritten war und man fürchtete, daß die strikt juristisch argumentierenden Liberalen dann das Kabinett verlassen würden. Der liberale Justizminister Ewald Bucher hatte im voraus seinen Rücktritt angekündigt, falls der Bundestag die Verjährungsfrist aufheben oder verschieben würde. Bundeskanzler Ludwig Erhard, selbst übrigens Verfechter einer Fortsetzung der strafrechtlichen Verfolgung, schwieg in der Debatte. Auch die schließlich vom Bundestag getroffene Regelung verdiente keinen Schönheitspreis. Zu einer prinzipiellen Entscheidung über die Aufhebung der Verjährung war die Mehrheit des Parlaments nicht bereit. Befürworter und Gegner einigten sich auf den Kompromiß eines pragmatischen „Rechentricks". Es wurde beschlossen, die Verjährungsfrist nicht zu verlängern oder aufzuheben, sondern den Beginn von 1945 auf 1949 zu verschieben und so die Zeit vor der Gründung der Bundesrepublik nicht mitzuzählen. Im Dritten Reich begangene Morde konnten nun bis Ende 1969 verfolgt werden, und der Bundestag ging davon aus, daß diese Zeit ausreichen würde, um die strafrechtliche Verfolgung zu einem guten Ende zu bringen.

Karl Jaspers kritisierte heftig, daß das Parlament einem prinzipiellen Beschluß aus dem Weg gegangen war: „Haben in dieser Frage beide, Regierung und Parlament, versagt? Wagt niemand zu führen? Man weicht aus in einen Beschluß von so geringem Gewicht […], daß das Volk gar keine Antwort auf die Grundfrage erhält, sondern eher

---

136 DB, 10. März 1965, 8526; dieser Satz ist in Hebräisch und Englisch in der Gedenkstätte Yad Vashem zu lesen.

137 M. Hirsch, ‚Anlaß, Verlauf und Ergebnisse der Verjährungsdebatten im Deutschen Bundestag', in: Weber, Steinbach (Hg.), *Vergangenheitsbewältigung*, 48. Hirsch war in den Verjährungsdebatten 1965 und 1969 einer der Wortführer der SPD-Fraktion und arbeitete 1965 eng mit Benda zusammen.

ein Muster dafür, wie man es macht, wenn man kneift."[138] Sicherlich hatte die Debatte einen ambivalenten Charakter gehabt, und der schließliche Beschluß war halbherzig, aber Jaspers ging in seiner Kritik zu weit. Auch wenn vom Bundestag kein deutliches Signal ausging, ließ sich das Parlament nicht von der öffentlichen Meinung leiten. Aus Meinungsumfragen vom Januar 1965 ging hervor, daß die Mehrheit der Bevölkerung (52 %) für einen Schlußstrich plädierte, während sich 38 % für die weitere Verfolgung aussprachen. Eine andere Untersuchung bot ein noch deutlicheres Bild: 60 % für die Beendigung, 29 % für die Fortsetzung.[139] Der Bundestag stimmte jedoch mit überwältigender Mehrheit für die Aufschiebung der Verjährung.[140] Damit hatte er nicht nur die Initiative ergriffen, sondern zugleich gezeigt, daß er der Entwicklung, die 1958 mit der Einrichtung der *Zentralstelle* begonnen hatte, zustimmte. Auch im Parlament hatte sich definitiv ein Bruch mit der relativen Stille der fünfziger Jahre vollzogen.

1969 stand der Bundestag vor demselben Problem wie 1965, da es sich als illusionär erwiesen hatte, in den zurückliegenden Jahren alle Mordfälle zur Anklage zu bringen. Mit z. T. denselben Wortführern wie 1965 wirkte die Debatte 1969 wie eine Wiederholung der Aussprache von vor vier Jahren. Neu war aber, daß diesmal die Regierung – nun aus CDU/CSU und SPD bestehend – durch Justizminister Horst Ehmke einen eigenen Gesetzentwurf vorlegte und daß Ehmke offen die „halbherzige Entscheidung" von 1965 kritisierte.[141] Mit der Unterstützung des Bundesverfassungsgerichts im Rükken, das entschieden hatte, daß eine Verlängerung der Verjährungsfrist nicht im Widerspruch zu Artikel 103, Absatz 2 des Grundgesetzes stehe, strebten Regierung und Parlament schon bald eine Verlängerung der Frist um zehn Jahre an. Ein zweiter Unterschied zu 1965 war, daß die Beschlußfassung diesmal schneller erfolgte und weniger Überzeugungskraft innerhalb der christdemokratischen Fraktion nötig war. Der CSU-Abgeordnete und ehemalige Justizminister Richard Jaeger faßte unter Applaus die Gefühle der Mehrheit des Bundestages mit den Worten zusammen: „Ein ungesühnter Massenmord schreit nach meiner Überzeugung zum Himmel. Ein Volk, das freiwillig mit erkannten Massenmördern zusammenlebt, würde sein Gesicht verlieren, nicht nur

---

[138] Jaspers, *Bundesrepublik*, 57.

[139] Vgl. hierzu und zu anderen Umfragedaten: U. Kröger, *Die Ahndung von NS-Verbrechen vor westdeutschen Gerichten und ihre Rezeption in der deutschen Öffentlichkeit*, Diss. Hamburg 1973, 267 ff.

[140] Das Abstimmungsergebnis lautete: 341 dafür und 96 dagegen (die Stimmen der Berliner Abgeordneten nicht eingerechnet). Die SPD-Fraktion stimmte mit Ausnahme einer Enthaltung geschlossen dafür. In der CDU/CSU-Fraktion betrug das Ergebnis: 180 dafür, 37 dagegen, zwei Enthaltungen. Die Nein-Stimmen kamen vor allem von der CSU. Völlig anders stimmte die FDP: Nur drei Ja-Stimmen standen 59 Ablehnungen gegenüber. Ein Parteiloser enthielt sich.

[141] DB, 5. Wahlperiode, 11. Juni 1969, 13053; vgl. auch H. Ehmke, *Mittendrin. Von der Großen Koalition zur Deutschen Einheit*, Berlin 1994, 60–64.

gegenüber dem Ausland, auch gegenüber sich selbst."[142] Selbstbewußter als 1965 trotzte der Bundestag auch der öffentlichen Meinung. Nur noch 23 % der befragten Westdeutschen traten 1969 für die strafrechtliche Verfolgung von NS-Verbrechen ein, während der Anteil der Gegner auf 67 % gestiegen war.[143] Mit einer erneut deutlichen Mehrheit, wenn auch etwas geringer als 1965, stimmte der Bundestag der Verlängerung der Frist bis 1979 zu.[144]

Zehn Jahre später, als sich wider alle Erwartungen das Problem erneut stellte, ging es nicht um die Verlängerung der Verjährungsfrist, sondern um die völlige Aufhebung der Verjährung von Mord. Alle Debattenredner gaben zu, daß eine erfolgreiche Verfolgung von NS-Verbrechen mit dem Verstreichen der Jahre in zunehmendem Maße problematisch geworden war, aber aus dieser Erkennntis wurden verschiedene Schlußfolgerungen gezogen. Für Sozialdemokraten und Linksliberale ging es um die Kontinuität der Abwendung vom Nationalsozialismus seit 1945; für sie war der Gedanke unerträglich, daß noch unbekannte NS-Verbrecher davon kommen sollten oder sich öffentlich und ohne juristische Folgen über ihre Taten auslassen könnten. Außerdem fürchteten sie, daß von einer Verjährung von Mord ein falsches Signal an die Bevölkerung und vor allem an die junge Generation ausgehen würde. Die Linksliberale Hildegard Hamm-Brücher stellte fest: „Erst während des letzten Jahrzehnts haben wir schrittweise begonnen, uns mit den Wurzeln des nationalsozialistischen Unrechts zu beschäftigen, hierbei auch die steigende Anteilnahme der Bevölkerung gefunden [...] und notwendige und allfällige Trauerarbeit geleistet [...]. Nachdem dieser Prozeß gerade erst eingesetzt hat, sollten wir ihn nicht abreißen lassen."[145] Mit anderen Worten: Die Glaubwürdigkeit und Kontinuität des Umgangs mit der NS-Vergangenheit stand auf dem Spiel. Dieses Argument wog für den linken Flügel des politischen Spektrums so schwer, daß er bereit war, mit der langen Rechtstradition, daß auch Mord nach einer bestimmten Zeit verjährt, zu brechen.

Die Mehrheit der CDU/CSU wies dagegen diesen – in der Tat weitgehenden – Schritt zurück und strebte eine Beendigung der strafrechtlichen Verfolgung an. Auch sie erkannte zwar die Notwendigkeit einer fortgesetzten Auseinandersetzung mit der NS-Vergangenheit an, aber die Angst vor einer zu starken Betonung des Nationalsozialismus im deutschen Geschichtsbewußtsein war unübersehbar. Die christdemokratische Seite wies vor allem auf die Notwendigkeit hin, der Jugend ein antitotalitäres Bewußt-

---

[142] Ebenda, 13059.

[143] Vgl. E. Noelle-Neumann, *Allensbacher Jahrbuch der Demoskopie 1978–1983*, Band VIII, München 1983, 194.

[144] Das Abstimmungsergebnis (ohne die Berliner Abgeordneten) lautete diesmal: 279 dafür, 126 dagegen, vier Enthaltungen. Die FDP-Fraktion stimmte geschlossen dagegen.

[145] DB, 8. Wahlperiode, 3. Juli 1979, 13 284.

sein zu vermitteln.[146] Hier wurde ein Riß zwischen dem linken und dem rechten Flügel des Parlaments sichtbar. Sie hatten unterschiedliche Vorstellungen über die erwünschte Entwicklung des westdeutschen Geschichtsbewußtseins: Im Zusammenhang mit einem erneuerten Nachdruck auf den viel allgemeineren Antitotalitarismus strebte die rechte Seite nach einer verringerten Aufmerksamkeit für die „zwölf bösen Jahre“ und plädierte für eine stärkere Beleuchtung der „hellen Seiten“ der deutschen Geschichte.[147]

Es war diese veränderte Auffassung über Rolle und Ort der nationalsozialistischen Vergangenheit, die 1979 nur wenige CDU/CSU-Abgeordnete für die Aufhebung der Verjährung stimmen ließ. Von einer überwältigenden Mehrheit für die weitere Verfolgung von NS-Verbrechen wie 1965 und 1969 konnte dementsprechend keine Rede mehr sein: Mit nur 255 gegen 222 Stimmen beschloß der Bundestag im Juli 1979, daß Mord nicht verjähren sollte.[148] Bemerkenswerterweise hatte sich in der Bevölkerung das Meinungsbild gerade in entgegengesetzte Richtung entwickelt. Im Vergleich zu 1969 war die Zahl der Befürworter einer weiteren strafrechtlichen Verfolgung von 23 % auf 40 % stark gestiegen. Die Zahl der Gegner war von 67 % auf 47 % gesunken. Die starke Zunahme der Befürworter muß z. T. als eine Folge der Ausstrahlung des Fernsehfilms *Holocaust* im selben Jahr gesehen werden. Aber sie war mehr als ein vorübergehendes Phänomen: 1983 war die Zahl der Befürworter weiterer Verfolgung auf 55 % angewachsen, wobei sich vor allem Jüngere unter 29 Jahren und höher Gebildete gegen einen Schlußstrich aussprachen. Die Anzahl der Gegner war auf 31 % der Befragten gesunken.[149]

1958, 1965, 1969 und 1979 sind jede für sich Jahreszahlen, die darauf verweisen, daß man in der Bundesrepublik die Notwendigkeit spürte, die NS-Vergangenheit auf der juristischen Ebene nicht ruhen zu lassen. Zu welchem Ergebnis haben diese Bemühungen in der Praxis geführt? Wie viele Urteile wurden am Ende gefällt? Vom 8. Mai 1945 bis zum 31. Dezember 1989 wurden durch die deutsche Justiz gegen insgesamt 98 042 Personen Ermittlungen eingeleitet.[150] In 6486 Fällen kam es zu einer Verurteilung, davon der Löwenanteil bis 1950 und nur ungefähr 750 seit 1958. Für den deutlichen Gegensatz zwischen der hohen Zahl der Ermittlungen und der relativ geringen Zahl der Verurteilungen gibt es verschiedene Ursachen. Gegen viele, deren Name im Zusammenhang mit einem „Verbrechenskomplex“ aufgetaucht war, wurde eine Ermittlung eingeleitet, auch wenn es keinen einzigen konkreten Hinweis auf individuelle Schuld

---

[146] Vgl. ebenda, 11 574.

[147] So der CDU-Abgeordnete Matthias Wissmann, ebenda, 11 623.

[148] Für die Aufhebung der Verjährung stimmten: 208 SPD-, 31 CDU- und 15 FDP-Abgeordnete sowie ein Parteiloser. Dagegen stimmten: 2 SPD-, 196 CDU- und 24 FDP-Abgeordnete.

[149] Noelle-Neumann, *Jahrbuch*, 194.

[150] Vgl. Henke, *Trennung*, 82/83 (Fußnote 175).

gab. Das geschah vorsorglich, da nur im Fall einer laufenden Ermittlung die 1965, 1969 und 1979 drohende Verjährung von Mord nicht eingetreten wäre und die weitere Verfolgung noch möglich gewesen wäre. In sehr vielen Fällen führte erst die nähere Untersuchung zu Aufschlüssen darüber, wer sich und wer sich nicht schuldig gemacht hatte. Oft stellte sich nach einer langen und mühsamen Spurensuche heraus, daß der Verdächtige schon verstorben war oder der oben genannte *Überleitungsvertrag* auf ihn Anwendung fand. In wieder anderen Fällen konnte die Beweisaufnahme nicht abgeschlossen werden, da die Bundesregierung bis 1964 die Nutzung osteuropäischer Archive aus Angst vor „kommunistischen Fälschungen" verbot. Es war außerdem problematisch, daß die Mehrheit der Zeugen in den Prozessen zur Zeit der Verbrechen selbst zum Kreis der Täter gehört hatte, was die Glaubwürdigkeit ihrer Aussagen nicht gerade förderte. Schließlich wurde es mit den Jahren immer schwieriger, auf der Basis der Erinnerung der Überlebenden die individuelle Schuld oder selbst die Identität eines Verdächtigen mit Sicherheit festzustellen.[151]

Schließlich muß zur Erklärung der relativ geringen Zahl an Verurteilten noch auf eine „gesetzgeberische Panne" von 1968 verwiesen werden.[152] In diesem Jahr trat im Rahmen der Modernisierung des Strafrechts ein niedrigeres Strafmaß für die Mittäterschaft bei Mord in Kraft. Wurden bei einem Verdächtigen weder „Grausamkeit" noch „Heimtücke" oder „niedrige Beweggründe" festgestellt, konnte er seit 1968 nur noch zu höchstens 15 Jahren Gefängnis verurteilt werden. NS-Verbrechen mit einem solchen Strafmaß waren aber inzwischen verjährt, und als Konsequenz mußte in diesen Fällen die Verfolgung eingestellt werden. Es mag verwundern, aber während der Vorbereitung dieser Gesetzesänderung hatte man übersehen, daß auch viele NS-Verbrecher von dieser Milderung des Strafrechts profitieren würden. Die katastrophale Folge war u. a., daß der durch die *Zentralstelle* sorgfältig vorbereitete Prozeß gegen dreihundert Schreibtischtäter des *Reichssicherheitshauptamtes* völlig fehlschlug. In den frühen sechziger Jahren hatte die *Zentralstelle* in den Vereinigten Staaten 150 000 Aktenordner des RSHA entdeckt und anschließend jahrelang ausgewertet. Aber die Prozesse mußten beendet werden, noch bevor sie richtig in Gang gekommen waren. Die Anklagen stürzten wie ein Kartenhaus zusammen, und mit Ausnahme von vier Verdächtigen profitierten alle von der „Panne" von 1968.

Die skizzierten Bemühungen, NS-Verbrecher zu verfolgen, zeugen von einer seit den späten fünfziger Jahren nachweisbaren Bereitschaft, auf juristischem Gebiet die Verantwortung für die nationalsozialistische Vergangenheit zu übernehmen. Dies bedeutet jedoch nicht, daß von einem positiven Endergebnis der strafrechtlichen Verfolgung gesprochen werden kann. In der relativen Stille der fünfziger Jahre ging durch Halb-

---

151 Vgl. Rückerl, *Ermittlung*, 75 ff.

152 Hey, *NS-Prozesse*, 61; vgl. Giordano, *Schuld*, 141–143; Steinbach, *Gewaltverbrechen*, 61.

herzigkeit ein wertvolles Jahrzehnt verloren, da auf der politischen Ebene bis 1958 die Bereitschaft fehlte, eine Einrichtung wie die *Zentralstelle* zu schaffen. Die in der unmittelbaren Nachkriegszeit getroffene Unterscheidung zwischen „anständigen" und „unanständigen" Nationalsozialisten verwischte zugunsten letzterer, und die Repräsentanten der jungen Demokratie brachten nicht den Mut auf, dies zu verhindern. 1958 wurde zwar die mehr oder weniger große Zufälligkeit der Verfolgung der vorangehenden Periode beendet, aber für das Rechtsgefühl zufriedenstellend ist sie nie abgelaufen. Dies lag teilweise an dem lange Zeit dominierenden Verlangen der Gesellschaft nach einem Schlußstrich, teilweise an (un)bewußt aufgeworfenen juristischen Hindernissen und in erheblichem Maße auch an den Grenzen, an die ein demokratischer Rechtsstaat bei der Konfrontation mit den Verbrechen eines totalitären Regimes stößt. Die geringe Zahl der Verurteilungen seit 1958, die mühsame Beweisführung, die niedrigen Strafen und die Freisprüche – in vielerlei Hinsicht und in zunehmendem Maße erwiesen sich die Mittel des Strafrechts als unzureichend, um mit den NS-Verbrechen abzurechnen. Ein Ruhmesblatt ist die Geschichte der strafrechtlichen Verfolgung der NS-Verbrechen wahrlich nicht gewesen, aber trotzdem war es nicht nur eine Geschichte der verpaßten Chancen und unglücklichen Bewertungen, sondern auch eine des guten Willens und aufrichtiger Bemühungen, NS-Verbrecher vor den Richter zu bringen.[153]

Geschichtsbewußtsein und Identität

Im Geschichtsbild der protestierenden Studenten der sechziger Jahre erscheint „1968" als eine Zäsur in der deutschen Nachkriegsgeschichte. Sie seien es gewesen, die auf vielen Gebieten mit der Bundesrepublik der fünfziger Jahre abgerechnet hätten, einer Bundesrepublik, die diesem Geschichtsbild zufolge die nationalsozialistische Vergangenheit völlig verdrängt habe. Daß dies eine einseitige und vereinfachte Sicht der fünfziger Jahre ist, wurde bereits ausführlich dargelegt. Was den Umgang mit dem Dritten Reich betrifft, so liegt der Wendepunkt zehn Jahre früher als die zurückblickende Protestgeneration nicht ohne moralischen Hochmut stets behauptete. Auch in der Literatur hatte um 1960 eine neue Phase begonnen: Das Dritte Reich war nicht länger „ein Thema", es war „das Thema" geworden.[154] Günter Grass veröffentlichte 1959 *Die Blechtrommel*, 1963 erschien Rolf Hochhuths *Der Stellvertreter*, in dem er die Haltung der katholischen Kirche gegenüber dem Dritten Reich äußerst kritisch zur Diskussion stellte. Und zwei Jahre später – um nur diese drei zu nennen – brachte Peter Weiss in seinem Stück *Die Ermittlung* den Auschwitz-Prozeß auf die Bühne. In der Geschichts-

---

[153] Vgl. Rückerl, *Ermittlung*, 82–83; Kielmansegg, *Schatten*, 55.

[154] Wolffsohn, *Angst*, 115.

wissenschaft brach 1961 die sogenannte Fischer-Kontroverse aus, nachdem Fritz Fischer in seinem Buch *Griff nach der Weltmacht* die Schuld am Ausbruch des Ersten Weltkriegs Deutschland anlastete und damit nicht nur ein Tabu brach, sondern auch die Frage nach der Kontinuität des Expansionsdrangs in der deutschen Außenpolitik aufwarf. Andere, vor allem junge Historiker, wurden als Sachverständige bei den Prozessen gegen NS-Verbrecher hinzugezogen und publizierten ihre detaillierten Befunde.[155] Mit anderen Worten: Die Protestbewegung griff eine Entwicklung auf, die bereits Ende der fünfziger Jahre begonnen hatte.[156]

Positiv war dabei, daß sich die Jüngeren mit dem summarischen Wissen über das Dritte Reich, das ihnen im Schulunterricht vermittelt wurde, nicht mehr zufrieden gaben. Mit ihren eindringlichen Fragen an die ältere Generation durchbrachen sie Tabus, kritisierten die politischen und gesellschaftlichen Karrieren ehemaliger Nationalsozialisten und gaben unter anderem dadurch dem Generationskonflikt der sechziger Jahre in Deutschland einen spezifischen Charakter. Jüngere, die sich die Frage nach der eigenen Schuld und Verantwortung nicht zu stellen brauchten, widersetzten sich der Passivität eines großen Teils der älteren Generation und fungierten dabei als Katalysator in einem bereits in Gang gekommenen gesellschaftlichen Prozeß. Dabei muß betont werden, daß dieser Impuls nicht allein von den demonstrierenden Studenten ausging. Viele Gleichaltrige fühlten sich auf den Barrikaden nicht zu Hause, aber auch bei ihnen erwachten politisches Bewußtsein und Interesse für die Vergangenheit. Und darin lag der Impuls der zweiten Hälfte der sechziger Jahre: Nun, da die Debatte nicht länger nur von denen geführt wurde, die das Dritte Reich bewußt miterlebt hatten, ergaben sich Fragen, die viele sich bis dahin nicht hatten stellen wollen.

Bei einem Teil der Protestgeneration trübte sich allerdings in der heißen Phase des Protests (1967/68) die Sicht auf den Zusammenhang zwischen Gegenwart und Vergangenheit in problematischer Weise. Auf den Barrikaden gegen die sogenannten *Notstandsgesetze* – neue Gesetze, die die Befugnisse des Staates im Falle eines Notstands regelten – sahen sie sich als die Generation, die aus den Versäumnissen ihrer Eltern gelernt hatte. Mit wenig Gespür für historische Proportionen traten sie dem „Widerstand“ gegen dieses neue „Ermächtigungsgesetz“ (als befinde man sich wieder im Jahr 1933) bei und betrachteten sich als wachsame Vorhut gegen „aufkommende antidemokratische und faschistische“ Tendenzen. So wurde die NS-Vergangenheit zu einem Instrument im Kampf gegen das „Establishment“. Der Widerstand gegen den Staat wurde teilweise mit neomarxistischen Faschismustheorien untermauert, die eine schlüssige Erklärung für den Nationalsozialismus, den westlichen „Imperialismus“ und den

---

155 Vgl. Herbert, Groehler, *Bewältigung*, 73–74.

156 Diese Schlußfolgerung gilt auch hinsichtlich des Beitrags der Protestbewegung zur fortschreitenden Demokratisierung der Bundesrepublik in den sechziger Jahren. Auch auf diesem Gebiet darf ihre Leistung nicht überschätzt werden; vgl. Wielenga, *Revolutie*, 192 ff.

„repressiven“ Charakter der bürgerlichen Demokratie zu bieten schienen. Gegenwart, Vergangenheit und Zukunft wurden in der Umarmung dieser Theorien sehr übersichtlich; ihr Nachteil war allerdings, daß sie wenig mit der Vergangenheit und überhaupt nichts mit der westdeutschen Realität der sechziger Jahre zu tun hatten. Die durch die Studentenbewegung angestoßene neomarxistische Faschismusdebatte der späten sechziger und der siebziger Jahre war außerdem durch ein bemerkenswertes Paradox gekennzeichnet. Einerseits stellten die Teilnehmer sich auf eine höhere moralische Stufe, indem sie die „Unfähigkeit zu trauern“ ihrer Eltern lauthals an den Pranger stellten, andererseits waren ihre Faschismustheorien derart abstrakt, daß die Wirklichkeit des Dritten Reiches zugleich in sicherem Abstand gehalten werden konnte. Indem man mit dem Finger beschuldigend auf das „Monopolkapital“ zeigte, wurde jedenfalls keine Erklärung für den massenhaften Anhang Hitlers, den Mord an den Juden und die Verantwortung so vieler für die Verbrechen gegeben. War dieses Abstrahieren der Faschismustheorien – sei es auch von einem ganz anderen Ausgangspunkt aus – nicht mit der indirekten und metaphorischen Annäherung der vierziger und fünfziger Jahre an die NS-Vergangenheit vergleichbar? Wie es auch sei, in den siebziger Jahren lief sich die neomarxistische Faschismusdebatte hinter den Mauern intoleranter linksextremer (Splitter)organisationen endgültig tot. Ihre völlige Entgleisung fand sie im Terror der *Rote Armee Fraktion.*

Stellt man die positiven und negativen Aspekte einander gegenüber, ist die Summe des Beitrags der Generation der sechziger Jahre jedoch deutlich positiv zu bewerten. Diese Generation, nicht eingeengt durch ihre eigene Biographie, brachte die inzwischen gewachsene moralische Sensibilität hinsichtlich der NS-Vergangenheit weiter voran.

Das Bedürfnis nach größerer Offenheit gegenüber der Vergangenheit ruhte seit Ende der sechziger Jahre auf einem viel breiteren politisch-gesellschaftlichen Fundament. Bezeichnend für die Verschiebung der Gewichte im Umgang mit der Vergangenheit seit den fünfziger Jahren waren zwei Ereignisse des Jahres 1969. Im März dieses Jahres wurde Gustav Heinemann (SPD), der im Dritten Reich Mitglied der *Bekennenden Kirche* gewesen war, zum Bundespräsident gewählt. Im selben Jahr wurde der ehemalige Emigrant Willy Brandt Bundeskanzler. Waren viele Westdeutsche Brandt bis in die sechziger Jahre aufgrund seiner Vergangenheit als Emigrant noch mit Mißtrauen begegnet, so verkörperte er um 1970 zusammen mit Heinemann gerade dadurch für viele das „andere, bessere Deutschland“, das zur Identifikation einlud. Heinemann und Brandt verdankten ihre herausragenden Stellungen selbstverständlich nicht ihrer Vergangenheit, sondern ihren Reformplänen für Gegenwart und Zukunft. Aber die Tatsache, *daß* sie diese Stellungen erwarben und daß ihre Popularität *auch* auf ihrer Vergangenheit basierte, macht einen fundamentalen Wandel im politisch-kulturellen Klima Westdeutschlands sichtbar. Nach dem eben Gesagten verwundert es nicht, daß vor allem Jüngere diesen Wandel bejubelten. Brandts Kniefall im ehemaligen Warschauer Ghetto 1970 brachte auch *ihr* Verlangen nach größerer moralischer Sensibilität gegenüber der NS-

Vergangenheit zum Ausdruck – eine Sensibilität, die sie bei vielen anderen Angehörigen der älteren Generation gerade vermißt hatten.

Der Wandel im politisch-gesellschaftlichen Umgang mit der NS-Vergangenheit setzte sich in den siebziger Jahren auf vielen Gebieten fort. Der gewachsene Abstand zu 1945 und die Erschließung neuer historischer Quellen führten zu neuen Fragen und einer breiteren historischen Forschung. Die Einsicht wuchs, daß die innere Struktur des NS-Regimes nicht so straff und stromlinienförmig organisiert gewesen war, wie man bis dahin stets angenommen hatte. Es stellte sich heraus, daß hinter der Fassade eines scheinbar reibungslos funktionierenden Regimes heftige Kompetenzkämpfe gewütet hatten und vor allem viel improvisiert worden war. Auch der linke Widerstand gegen Hitler und das Alltagsleben rückten ins Blickfeld, wodurch ein differenzierteres Bild von Staat und Gesellschaft zur Zeit des Dritten Reiches entstand.[157]

Der Geschichtsunterricht veränderte sich ebenfalls. Viele junge Lehrer holten in ihren Stunden jetzt tatkräftig nach, was während der fünfziger und sechziger Jahre versäumt worden war. Die Schüler wurden nun ausführlich über den Nationalsozialismus informiert. Der Mord an den Juden, die vielen anderen Verbrechen, Verfolgung und Widerstand – in neuen Lehrplänen wurde den Opfern des Dritten Reiches viel Aufmerksamkeit gewidmet. Parallel zu dem gewachsenen Interesse der Historiker an der Lokalgeschichte wurden außerdem Unterrichtsprojekte initiiert, die sich mit dem Wohnort der Schüler während des Dritten Reiches beschäftigten. Unter der Schirmherrschaft von Bundespräsident Karl Carstens (CDU) wurde 1982 ein „Schülerwettbewerb" zu diesem Thema organisiert. In der ganzen Bundesrepublik verfaßten Schüler der Mittelstufen Arbeiten über das Alltagsleben im Deutschland des Dritten Reiches, wie es sich in ihrer Umgebung abgespielt hatte. Dieses Projekt, das mit der Verleihung von Preisen und der Veröffentlichung der besten Arbeiten endete, war sicher nicht unumstritten, aber es war charakteristisch für die zentrale Rolle, die die NS-Vergangenheit inzwischen im Geschichtsunterricht spielte.

Kennzeichnend für einen großen Teil der Lehrergeneration der siebziger und achtziger Jahre war eine stark moralisierende Betrachtungsweise des Dritten Reiches, und damit unterschied sie sich nicht nur von der älteren, sondern auch von einem Teil der jüngeren Generation. Die starke Konzentration auf die Opfer des Nationalsozialismus im Geschichtsbild vieler „68er" und das von ihnen zum Ausdruck gebrachte deutsche Schuldbewußtsein war für die folgende Generation keineswegs selbstverständlich. Zu welchen Konflikten das in den achtziger Jahren führen konnte, zeigt die von Peter

---

[157] Vgl. H.-U. Thamer, ‚Die Geschichtswissenschaft in der Bundesrepublik Deutschland und das „Dritte Reich"', in: J. C. Hess u. a., *De geschiedwetenschap in de Bondsrepubliek Duitsland en de Duitse Democratische Republiek over het ‚Derde Rijk'*, (Stichting ter bevordering van Duitslandstudiën), Amsterdam o. J. (1990), 22–53; vgl. ausführlich I. Kershaw, *The Nazi Dictatorship: Problems and Perspectives of Interpretation*, London ^{3}1993.

Sichrovsky aufgezeichnete Äußerung eines Mittelschülers: „Ja, ich weiß, es war eine schlimme Zeit. Der Krieg, nichts zum Fressen, die Bomben, die Juden. Wir hatten da einen Geschichtslehrer. Lange Haare, Bart, Norwegerpullover [...]. Was hat der uns nicht alles vorgelabert. Stundenlang über die Juden, die Kommunisten, die Zigeuner, die Russen, alles Opfer, nichts als Opfer. Der tat immer so, als ob er verfolgt worden wäre [...]. Einer aus der Klasse hat ihn mal gefragt: ‚Wo war denn das Tolle damals? Warum haben denn so viele Hurra und Heil gebrüllt? Warum waren die alle so begeistert? Da muß es doch etwas anderes gegeben haben?' Da schaute er blöd, der liebe Lehrer, fing an, den Schüler als Neonazi zu beschimpfen, ob er denn keine Achtung vor den Opfern hätte. Aber wir anderen ließen nicht los. Endlich hat das einer mal ausgesprochen. Wir wollten wissen, was damals wirklich los war."[158] Diese Szene hat sicher karikaturistische Züge, und solche Konfrontationen werden nicht die Regel gewesen sein. Sie illustriert aber, daß in den achtziger Jahren die Glaubwürdigkeit der „hochmoralisierten Kollektivvorstellungen der 68er"[159] durch die folgende Generation in Frage gestellt wurde. Diese Generation fand keinen Anschluß an den Umgang vieler Ex-„68er" mit der NS-Vergangenheit und forderte von ihr mehr als nur eine Anti-Identität.

Nicht nur unter Jüngeren verschob sich in den achtziger Jahren die Perspektive. Schon die Verjährungsdebatte von 1979 hatte gezeigt, daß auch auf der politischen Ebene das Bedürfnis nach mehr Distanz wuchs. 1981 erklärte Bundeskanzler Helmut Schmidt anläßlich eines Besuchs in Saudi-Arabien und deutscher Waffenlieferungen an dieses Land, daß die deutsche Politik der achtziger und neunziger Jahre nicht länger im Schatten der Vergangenheit stehen dürfe.[160] Sein Nachfolger Helmut Kohl setzte den Weg einer „demonstrativen Normalität" in der Außenpolitik mit Nachdruck fort.[161] Während eines Besuchs in Israel 1984 sprach er von der „Gnade der späten Geburt", die für ihn (Geburtsjahr 1930), Gleichaltrige und die folgenden Generationen gelte. Gegen den von Kohl gebrauchten Begriff ist zwar inhaltlich nichts einzuwenden, da er nichts anderes bedeutet, als daß seine Generation und die folgenden das zufällige und nicht selbst verdiente Glück hatten, aufgrund ihres Geburtsjahres frei von Schuld geblieben zu sein.[162] Kohl erweckte in Israel aber den Eindruck, daß er „mit allen Mitteln des Wortes und der Körpersprache [...] über eine Hintertür den Ausgang aus der historischen Verantwortung in die tagespolitische Normalität suchte", wie Michael

---

[158] P. Sichrovsky, *Schuldig geboren. Kinder aus Nazifamilien*, Köln 1987, 40–41.

[159] Hondrich, *Leben*, 41.

[160] Vgl. Meier, *Jahre*, 58.

[161] Vgl. Wolffsohn, *Schuld*, 44.

[162] Der Begriff der „Gnade der späten Geburt" stammt von Günter Gaus, vgl. G. Gaus, *Die Welt der Westdeutschen. Kritische Betrachtungen*, Köln 1986, 72 ff.

Wolffsohn kritisch feststellte.[163] Ein vergleichbares Verlangen nach „Normalität" lag Kohls Vorhaben zugrunde, 1985 zusammen mit dem amerikanischen Präsidenten Ronald Reagan auf dem Soldatenfriedhof in Bitburg einen Kranz niederzulegen.

Fügt man Kohls Vergleich von Gorbatschow mit Goebbels und seine Aussage über Konzentrationslager in der DDR aus dem Jahr 1986 hinzu, dann verwundert es nicht, daß Helmut Kohl vom linken Flügel des politischen Spektrums das Fehlen historischen Bewußtseins und moralischer Sensibilität vorgeworfen wurde. So verkörperte Kohl für viele kritische Beobachter innerhalb und außerhalb Deutschlands die in den achtziger Jahren wachsende Bestrebung, die NS-Vergangenheit ruhen zu lassen. Der konservative Bundeskanzler wolle nicht nur auf dem Gebiet der deutschen Außenpolitik aus dem Schatten der Vergangenheit treten, er steuere auch, so die Kritik, ein „normalisiertes" historisches Bewußtsein der Deutschen an. Gehörte der Historiker Michael Stürmer nicht zu seinen engsten Beratern? Und war es nicht Stürmer, der im *Historikerstreit* auf die Gefahren einer einseitigen historischen Orientierung auf das Dritte Reich für eine selbstbewußte deutsche Identität hingewiesen hatte? Diese Kritik ist sicher nicht völlig falsch, aber sie muß differenziert werden. 1987 nannte Kohl in einer Ansprache gegenüber dem israelischen Präsidenten Herzog den von den Deutschen begangenen Völkermord „einmalig"; 1988 sprach er in diesem Zusammenhang von „Einzigartigkeit".[164] Wie bereits erläutert, waren es genau diese Begriffe, die im Mittelpunkt des *Historikerstreits* dieser Jahre standen, in dem der konservativen Seite vorgeworfen wurde, die Einmaligkeit der NS-Verbrechen zur Diskussion zu stellen und sie so zu relativieren. Daß Kohl hier so deutlich Position bezogen hatte, wurde aber kaum wahrgenommen, und das ist typisch für den polarisierten Umgang mit der NS-Vergangenheit in den achtziger Jahren.[165]

Diese Polarisierung war ein Merkmal des *Historikerstreits*. Obwohl diese Auseinandersetzung, wie ihr Name verdeutlicht, in erster Linie von Historikern geführt wurde, handelte es sich nicht wirklich um eine geschichtswissenschaftliche Debatte: Es wurden keine neuen Quellen diskutiert, sie führte nicht zu neuen Erkenntnissen über den Nationalsozialismus und war auch nicht richtungsweisend für zukünftige Forschungen. Zu Recht stellte der britische Historiker Richard Evans 1991 rückblickend fest, daß „die Diskussion [...] jemandem, der ein ernsthaftes, wissenschaftliches Interesse an der deut-

---

[163] Wolffsohn, *Schuld*, 44.

[164] Vgl. Meier, *Jahre*, 59.

[165] „Für die Untaten der NS-Gewaltherrschaft trägt Deutschland die Verantwortung vor der Geschichte", so der Bundeskanzler im Mai 1985 in Bergen-Belsen: „Diese Verantwortung äußert sich auch in nie verjährender Scham." Diese Sätze gingen in den Nachwehen der Bitburg-Affäre unter. Zitiert bei Grosser, *Verbrechen*, 144.; vgl. auch Wolffsohn, *Angst*, 81.

schen Vergangenheit besitzt [...], sehr wenig zu bieten" habe.[166] Bezeichnend war auch, daß der Streit nicht in Fachzeitschriften, sondern in den Medien ausgetragen wurde, wobei die *FAZ* die Beiträge aus dem konservativen Lager und *Die Zeit* die Artikel linksliberalen Zuschnitts publizierte. Hinter der Frage nach der historischen Einmaligkeit des Mordes an den Juden verbarg sich der eigentliche politische, ideologische und moralische Kern der Debatte: Welche Bedeutung hatte vierzig Jahre nach 1945 die NS-Vergangenheit für die Identität der Bundesrepublik und welche Bedeutung *sollte* sie haben? Inwiefern war es für die Bundesrepublik vierzig Jahre nach 1945 wünschenswert und möglich, aus dem Schatten Hitlers herauszutreten? Aus verschiedenen Richtungen versuchten konservative Historiker darauf eine bejahende Antwort zu geben: Ernst Nolte behauptete apologetisch, daß der Mord an den Juden durch die Verbrechen des Stalinismus zu erklären sei. Andreas Hillgruber identifizierte sich weitgehend mit der Wehrmacht an der Ostfront in der letzten Phase des Krieges, und Michael Stürmer drückte seine Sorgen über die nachteiligen Folgen des Nationalsozialismus für ein starkes deutsches Selbstbewußtsein aus. Jürgen Habermas stellte 1986 mit scharfen Worten eine Verbindung zwischen diesen Richtungen her; er fürchtete den apologetischen Revisionismus als eine Bedrohung der westlichen, demokratischen Nachkriegsidentität der Bundesrepublik und gab damit den entscheidenden Anstoß für den Ausbruch der Kontroverse. Ohne hier ausführlich auf den Verlauf der Polemik eingehen zu wollen,[167] ist rückblickend festzustellen, daß ein Revisionismus zweifelhaften Inhalts letztendlich viel weniger salonfähig war, als auf linksliberaler Seite befürchtet wurde.

Symptomatisch für den Umgang mit der NS-Vergangenheit in der zweiten Hälfte der achtziger Jahre war auch die politische und gesellschaftliche Reaktion auf die Rede von Bundestagspräsident Philipp Jenninger im November 1988 während der parlamentarischen Gedenkveranstaltung fünfzig Jahre nach der sogenannten *Reichskristallnacht.* „Peinliche Entgleisung", „Jenningers böser Fehltritt", „Beschämend" – die ersten Pressereaktionen auf seine Rede waren praktisch ohne Ausnahme negativ.[168] Jenninger habe Verständnis für den Antisemitismus der Nationalsozialisten und für Hitlers Popularität gezeigt. Auch sei er zu wenig auf das unerträgliche Leid der Opfer eingegangen und habe zu wenig Betroffenheit gezeigt. Als Beleg für seine Taktlosigkeit ging ein Foto von Ida Ehre durch die Weltpresse. Die jüdische Schauspielerin hatte vor Jenningers Rede ein Gedicht von Paul Celan vorgetragen und anschließend während der Gedenkveran-

---

[166] Richard J. Evans, *Im Schatten Hitlers? Historikerstreit und Vergangenheitsbewältigung in der Bundesrepublik*, Frankfurt am Main 1991, 170.

[167] Vgl. zum Verlauf dieser Polemik: *„Historikerstreit". Die Dokumentation der Kontroverse um die Einzigartigkeit der nationalsozialistischen Judenvernichtung*, München 1987; H.-U. Wehler, *Entsorung der deutschen Vergangenheit. Ein polemischer Essay zum „Historikerstreit"*, München 1988; Ch. S. Maier, *The unmasterable past. History, Holocaust, and German national identity*, Cambridge Mass., London 1988; Evans, *Schatten.*

[168] Vgl. ausführlich: Laschet, Malangré (Hg.), *Rede.*

staltung mit dem Gesicht in den Händen vergraben an ihrem Platz gesessen. Die Assoziation war offensichtlich: Ida Ehre reagiert entsetzt auf die Entgleisung des Bundestagspräsidenten. Später erklärte sie aber, von ihrem eigenen Vortrag so ergriffen gewesen zu sein, daß sie Jenningers Worte gar nicht gehört habe.

In Wirklichkeit hatte Jenninger auf historisch verantwortungsvolle Weise nach Erklärungen für Hitlers massenhaften Anhang und für den Antisemitismus gesucht, ohne irgendetwas davon zu beschönigen oder zu verteidigen. Ebensowenig konnte man ihm vorwerfen, daß er die braune Vergangenheit verniedlicht habe und ein von diesen Flekken gereinigtes historisches Bewußtsein angestrebt habe: „Unsere Vergangenheit wird nicht ruhen, sie wird auch nicht vergehen." Die Einsicht in die Vergangenheit zu vergrößern und deren politische Bedeutung für die Gegenwart aufzuzeigen, das war das Ziel seiner Rede gewesen.

Bevor die übergroße Mehrheit der deutschen und ausländischen Presse Jenninger an den Pranger stellte, war es bereits im Bundestag selbst zum Skandal gekommen. Die Abgeordnete der Grünen Jutta Oesterle-Schwerin hatte den Bundestagspräsidenten bereits zu Beginn seiner Rede unterbrochen und unter Protest den Saal verlassen. Weniger bekannt war in diesem Augenblick aber, daß sie bereits vor Beginn der Veranstaltung angekündigt hatte, sie werde es „unerträglich" finden, die Gedenkstunde zusammen mit Abgeordneten, die u. a. eine Erweiterung der Wiedergutmachungsregelungen abgelehnt hatten, zu verbringen. Ihr Auszug aus dem Plenarsaal stand dann auch in keinem Zusammenhang mit dem *Inhalt* von Jenningers Rede. Aber mit ihrem demonstrativen Auszug löste sie eine Lawine aus: Etwa fünfzig Abgeordnete verließen während der Rede den Saal, und damit war der Skandal unwiderruflich. Am folgenden Tag legte Jenninger unter dem Druck praktisch des gesamten Bundestags und der öffentlichen Meinung sein Amt nieder.

Die politischen und gesellschaftlichen Reaktionen waren illustrativ für die Atmosphäre, die in Deutschland nicht zuletzt durch den *Historikerstreit* entstanden war: Die Bundesrepublik schien in zwei scheinbar unversöhnliche Lager mit konservativen „Relativierern" auf der einen und einer Front von „wahren Hütern" des belastenden historischen Erbes auf der anderen Seite gespalten zu sein. Vor den Augen der Kameras und in Anwesenheit der Presse zeigten viele Politiker demonstrativ, daß sie zu der letztgenannten Kategorie gerechnet werden wollten. Für politische Kommentatoren galt dasselbe gegenüber ihren Lesern. Zugegeben, Jenningers Rede war rhetorisch schlecht angelegt, und wenn man nicht genau hinhörte, war eine falsche Interpretation möglich. Aber warum machten sich so wenige die Mühe, hinterher den Text noch einmal zu lesen? Warum waren nur wenige bereit, aufgrund des *Inhalts* für den Bundestagspräsidenten einzutreten und ihre eigene erste, eher instinktive Reaktion zu revidieren? Jenningers Rede war keine „Entgleisung" und sicher kein „Symptom" eines konservativen Trends, den Nationalsozialismus zu relativieren, wie die *Frankfurter Rundschau* schrieb.[169] Eher entgleiste die Reaktion, und die war ein Symptom für eine polarisierte, überempfindliche und oft hilflos wirkende Debatte über eine Vergangenheit, die nicht vergehen wollte und konnte.

Im *Historikerstreit* und in der Aufregung nach der Jenninger-Rede schien Deutschland zwischen „Gut" und „Böse" zerrissen zu werden. Sichtbar wurde ein simples Schwarz-Weiß-Bild des Relativierens und Verdrängens der NS-Vergangenheit einerseits und der schuldbewußten Betonung dieser Vergangenheit als Teil der deutschen Identität andererseits. Die Wirklichkeit der achtziger Jahre war aber vielschichtiger und nuancierter. Nach der relativen Stille der fünfziger Jahre, ihrer Überwindung seit 1958 und dem moralisierenden Impuls von „1968" war Westdeutschland auf der Suche nach einem neuen Standort. Dabei waren sicherlich wiederholt schrille Töne zu hören, und aus dem rechten Lager erschienen dubiose Geschichtsbilder auf der Bildfläche. Ebenso ist nicht zu bestreiten, daß der Drang zur politischen und historischen „Normalität" in den achtziger Jahren manchmal einen gezwungenen Eindruck machte. Aber daß die Debatte in dieser Zeit mit ihren vielen runden Gedenkjahren (50 Jahre *Machtergreifung* 1983, 40 Jahre Kriegsende zwei Jahre später, 50 Jahre *Reichskristallnacht* 1988, um nur diese zu nennen) kontrovers geführt wurde, war insgesamt weniger beunruhigend, als es in der Hektik des politischen Alltags oft schien. Auch die Kritik an der deutschen „Schuldbesessenheit", dem „In Sack und Asche gehen" und dem „Bewältigungsrummel" in den Kommentaren der *Frankfurter Allgemeinen Zeitung* war weniger besorgniserregend als oft angenommen wurde. Sicher strebten viele gut vierzig Jahre nach 1945 nach mehr Distanz gegenüber der Vergangenheit. Zweifellos suchten manche auch nach einem Notausgang aus der Geschichte. Aber Intensität und Verlauf der Debatte zeigten, daß dieser Notausgang nicht existierte und daß die NS-Vergangenheit – ob man wollte oder nicht – sich seit langem in die deutsche Identität *eingebrannt* hatte.[170]

---

[169] *Frankfurter Rundschau*, 12. November 1988, zitiert bei Laschet, Malangré (Hg.), *Rede*, 53.

[170] Vgl. Meier, *Jahre*, 60.

4. Das Erbe der SED-Herrschaft

In einem deutschen Fernsehfilm von Anfang 1992 fand ein Treffen zwischen einem typischen „Wessi" – reich, gesellschaftlich erfolgreich und selbstbewußt – und einem „Ossi"-Familienmitglied statt, das kurz zuvor arbeitslos geworden war. Das Gespräch zwischen den beiden Deutschen endete in einem Streit, auf dessen Höhepunkt der Westdeutsche ausrief: „Du Stasi", worauf der Ostdeutsche „Du Nazi" zurückbrüllte.[167] Diese Szene macht in Form einer Karikatur die in psychologischer Hinsicht problematische Vereinigung der beiden deutschen Staaten sichtbar. Nach vierzig Jahren der Teilung sind sich Ost- und Westdeutsche fremd geworden, und in der gegenseitigen Bildformung dominieren die Klischees. „Wessis" sind arrogant, beherrschend und egoistisch, „Ossis" sind initiativlos, unsicher, weinerlich. Die Geschwindigkeit, mit der die Westdeutschen politisch, ökonomisch und juristisch Besitz vom „Beitrittsgebiet" ergriffen haben und die nicht weniger rasch zusammenbrechende DDR-Wirtschaft haben die ostdeutsche Bevölkerung seit 1990 ihrer Sicherheiten beraubt. Praktisch alle Ostdeutschen stehen vor der Notwendigkeit, sich in hohem Tempo anzupassen, und wer zu spät kommt, wird (auch) in diesem neuen Leben bestraft. Und was das alte Leben betrifft – auch dazwischen liegen für „Ossis" und „Wessis" oft Welten. Die westdeutschen Klischees reduzieren die DDR auf 40 Jahre sozialistische „Mißwirtschaft" und ein Volk von Stasi-Spionen. Überrumpelt, abhängig und unsicher greift der „Ossi" nach einem letzten Mittel der Verteidigung, der alten DDR-Legende, daß im „antifaschistischen" Ostdeutschland mit dem Dritten Reich abgerechnet wurde, während in der Bundesrepublik alte Nazis das Sagen gehabt hätten: „Du Nazi".

Sowohl hinsichtlich der Gegenwart als auch der DDR-Vergangenheit sind Sprachverwirrung und Mißverständnisse zwischen Ost- und Westdeutschen an der Tagesordnung. In der alten Bundesrepublik besteht wenig Bereitschaft, sich eine konkrete Vorstellung vom Leben in der DDR zu machen; aus der vereinfachenden westdeutschen Perspektive war in der DDR alles „von Grund auf schlecht".[168] Bärbel Bohley schrieb in Reaktion auf das klischeehafte Wahrnehmungsmuster in einem offenen Brief an die Grünen-Politikerin Antje Vollmer: „Verstehen kann es wohl niemand mehr bei Euch [im Westen, FW], aber vielleicht doch akzeptieren, daß das Leben im Osten sehr viel Spaß gemacht hat. Wir waren traurig, heiter, verzweifelt und haben intensiv gelebt.

---

167 Vgl. L. Probst, ‚Politische Kultur und Demokratieperspektiven in Deutschland nach der Vereinigung', in: *Deutschland Archiv* 25 (1992), Nr.12, 1306.

168 M. Gräfin Dönhoff kritisierte dieses Klischee in: ‚Niemand kann ein ganzes Volk durchleuchten', in: *Die Zeit*, 10. September 1993; auch abgedruckt als Vorwort in: M. Dönhoff u. a., *Manifest II*, 7–14.

Auch ein Leben im Osten war ein ganzes Leben."[169] Bei vielen Ostdeutschen kam das Gefühl auf, daß sie außer der Kontrolle über die Gegenwart auch die über die eigene Vergangenheit verloren hatten. Dabei ging es nicht nur um die Entschiedenheit, mit der viele Westdeutsche ihr Unverständnis für das Leben im real existierenden Sozialismus bekundeten, sondern auch um die Art und Weise, auf die nach der Einheit mit der DDR-Vergangenheit umgegangen werden sollte. „Wir bewältigen euch eure Vergangenheit", spottete der Ostdeutsche Richard Schröder (1943 geboren) über die Ratschläge seiner westdeutschen Altersgenossen, „denn die unserer Eltern haben wir ihnen auch schon bewältigt."[170] Giftiger ist der viel zitierte Ausspruch von Bärbel Bohley, in dem sie ihre Enttäuschung über die mühsame strafrechtliche Verfolgung von SED- und Stasi-Bonzen als Anklage an die alte Bundesrepublik formulierte: „Wir haben Gerechtigkeit erwartet und haben den Rechtsstaat bekommen."[171] Auch die Art, in der sich die westdeutschen Medien 1990/91 auf die Rolle der Stasi stürzten, verstärkte das Gefühl, den Zugriff auf die eigene Vergangenheit zu verlieren. Diese Medien bezahlten gut für belastende Informationen über diesen oder jenen Politiker, die ihnen von ehemaligen Stasi-Mitarbeitern angeboten wurden, und sie bestimmten dadurch in erheblichem Maße die Richtung der Debatte über die Vergangenheit mit. „Im Recherchieren sind sie Meister, im Urteilen und Verurteilen sind sie zumeist nicht zögerlich", schrieb Richard Schröder Anfang Januar 1991 in der *Frankfurter Allgemeinen Zeitung*, und er stellte fest: „Gerade beim Stasi-Thema fehlt den Westlern aber eines unwiederbringlich: Sie haben das alles nicht selbst erlebt [...]. Sie müssen sich von uns erzählen lassen, wie es war, und hier wenigstens mal zuhören, auch wenn es schwerfällt."[172]

Die Äußerungen von Bohley und Schröder machen deutlich, daß im Umgang mit der DDR-Vergangenheit Elemente eine Rolle spielen, die über die bloße Abrechnung mit einer totalitären Diktatur wie nach 1945 in Deutschland und nach 1989 in den anderen Ostblock-Staaten hinausgehen. Hier liegt ein Sonderfall vor: Es geht in erster Linie nur um die Geschichte von ca. 20 % der Bevölkerung (den Ostdeutschen). Die übrigen 80 % (die Westdeutschen) sind nicht unmittelbar betroffen, wenngleich sie sich auch Fragen über ihr Verhältnis zur ehemaligen DDR stellen müssen. Ein produktiver Umgang mit der DDR-Vergangenheit setzt voraus, daß er auf drei Ebenen stattfindet: Zunächst ist er eine ostdeutsche, zum zweiten eine interne westdeutsche und drittens eine

---

[169] Zitiert bei F. Meyer-Gosau, ‚Deutsche Biographien, deutsche Karrieren. Zum gegenwärtigen Umgang mit der jüngsten Vergangenheit', in: Arnold, Meyer-Gosau (Hg.), *Abwicklung*, 87.

[170] Schröder, *Vaterland*, 104.

[171] Zitiert bei F.-Chr. Schroeder, ‚Rechtliche Aspekte der Aufarbeitung der DDR-Geschichte und SED-Herrschaft', in: P. Eisenmann, G. Hirscher (Hg.), *Bilanz der zweiten deutschen Diktatur*, München 1993, 40.

[172] R. Schröder, ‚Soll die Zersetzungsarbeit endlos weitergehen?', in: *Frankfurter Allgemeine Zeitung*, 2. Januar 1991.

gesamtdeutsche Angelegenheit. Wie diese Ebenen verbunden werden, wird mitbestimmend sein für die Bewältigung der großen Herausforderung, vor der Deutschland seit 1990 steht: der Integration von Ost- und Westdeutschen in einen stabilen demokratischen Staat.

Brennpunkt Stasi

Noch bevor die westdeutschen Medien sich auf das Thema *Stasi* stürzten, war es bereits durch die Bürgerbewegung in der DDR auf die Tagesordnung gesetzt worden. „Stasi in die Produktion" hatte es in den Demonstrationen vom Herbst 1989 geheißen, und kurze Zeit später wurde am zentralen „Runden Tisch" die Demontage des Geheimdienstes gefordert. Um diese Forderung zu bekräftigen und aus Protest gegen die von der Stasi in Gang gesetzte Aktenvernichtung drangen im Januar 1990 Demonstranten in den großen Berliner Stasi-Gebäudekomplex an der Normannenstraße ein. In anderen Städten waren bereits Ende 1989 Stasi-Quartiere besetzt worden, nachdem schwarze Rauchwolken über den Gebäuden deutlich gemacht hatten, daß die Stasi auf ihre eigene Weise mit der Vergangenheit abrechnete.[173] Die Besetzer forderten, daß sofort alle Aktivitäten des Geheimdienstes beendet, das Spionagenetz offengelegt, die Stasi-Mitarbeiter zur Verantwortung gezogen und den Bespitzelten Einsicht in ihre Akten gewährt würde. Kein anderer Aspekt sollte die Debatte über die Vergangenheit so sehr beherrschen wie das Thema Stasi.

Das lag nicht nur auf der Hand, weil der *VEB Guck, Horch und Greif* oder die *Firma* den repressiven Staatsapparat verkörperte. Vielmehr zeigte sich schnell, wie weit die Tentakel der Stasi gereicht hatten. Natürlich, auch vor dem Untergang der DDR wußte man, daß die *Firma* sich nicht auf das Abhören von Telefonen, die Infiltration oppositioneller Gruppen, auf Einschüchterung und Erpressung beschränkt hatte. Aber daß das Netz der Stasi so dicht gewebt war, wie sich seit Anfang 1990 herausstellte, überstieg das Vorstellungsvermögen der meisten. Das Archiv des Ministeriums für Staatssicherheit (MfS) hat eine Länge von schätzungsweise 178 Kilometern und jeder Kilometer umfaßt 10 Millionen Blatt Papier. Es enthält Informationen über vier Millionen DDR-Bürger und zwei Millionen Westdeutsche.[174] Wie viele hatten als feste oder inoffizielle Mitarbeiter (IM) für die *Firma* gearbeitet? 100 000, 200 000 oder sogar insgesamt

---

[173] Vgl. *Erster Tätigkeitsbericht des Bundesbeauftragten für die Unterlagen des Staatssicherheitsdienstes der ehemaligen Deutschen Demokratischen Republik – 1993*, Berlin 1993; vgl. auch S. Wolle, ‚Zur Auflösung des Ministeriums für Staatssicherheit', in: Eisenmann, Hirscher (Hg.), *Bilanz*, 103–112.

[174] Gauck, *Stasi-Akten*, 11; *Erster Tätigkeitsbericht*, 25.

700 000?[175] War der lange Arm der Stasi wirklich ausgeschaltet? Wem hatte man zu Unrecht vertraut? Gehörten auch Freunde und Familienmitglieder dazu? Wer waren die Täter, wer die Opfer, und wie viele waren beides zugleich? Die scheinbare Allmacht der Stasi, ihr Eindringen in die Privatsphäre und der nicht endende Strom von Enthüllungen über Informanten machten dieses Thema 1990 zum emotionalen und schmerzhaften Brennpunkt der DDR-Vergangenheit. Kurz vor den ersten freien Wahlen in der DDR (18. März 1990) wurde Wolfgang Schnur, Vorsitzender der neu gebildeten Partei *Demokratischer Aufbruch* als IM enttarnt. Kurz darauf galt dasselbe für Ibrahim Böhme, den Vorsitzenden der SPD in der DDR und zu Beginn des Jahres 1990 noch ein ernsthafter Kandidat für das Amt des DDR-Ministerpräsidenten. Wer hatte eine weiße Weste, wer verschwieg, daß seine oder ihre schmutzig war? Drohte der demokratische Aufbau der DDR, noch bevor er richtig in Gang gekommen war, in einem vergifteten Klima von Verdächtigungen und Rachegelüsten zu versanden? Lauerte hier die Gefahr eines späten Sieges der ehemaligen Stasi-Mitarbeiter, die unbewiesene Beschuldigungen lancieren konnten und auch noch dafür bezahlt wurden? „Für das komplizierte Thema der ‚Vergangenheitsbewältigung in der DDR'", so ein Kommentar der *Frankfurter Rundschau* Anfang April 1990, „gibt es bislang mehr Ratlosigkeit als überhaupt eine Lösung."[176]

In dem emotional aufgeheizten Klima zu Beginn des Jahres 1990 zeichneten sich schon bald die Konturen von zwei einander gegenüberstehenden Sichtweisen ab. Für viele in der DDR, vor allem die Bürgerbewegung, war von Anfang an klar, daß die Abrechnung mit dem alten Regime sich nicht auf eine große Säuberung an der politischen Spitze, die Auflösung des inzwischen in *Amt für nationale Sicherheit* (AnS) umgetauften MfS und die Enttarnung eines einzelnen Hausmeisters oder Professors als IM beschränken konnte. Sie hielten an der Forderung fest, daß nur die Herausgabe der Akten an die Opfer der *Firma* und völlige Offenheit den Stasi-Sumpf wirklich trockenlegen könne. Was anschließend mit den enttarnten ehemaligen Mitarbeitern der *Firma* geschehen sollte, wo die Grenze zwischen Schuld und Unschuld lag und wie sie festzustellen war, darüber hörte man weniger. Im Vordergrund stand ein verständliches Verlangen nach Säuberung, aber die dabei anzuwendenden Kriterien blieben vage und drohten in ein stark vereinfachtes Schwarz-Weiß-Schema von „Gut" und „Böse" zu entarten. Meinungsumfragen von Ende 1990 belegten, daß auch außerhalb der kleinen Gruppe von Aktivisten der Bürgerbewegung ein großes Bedürfnis nach Offenheit bestand. So forderte zu Beginn 1991 eine klare Mehrheit von 73 % mehr Einblick in die Vergangenheit, und nur 23 % sprachen sich für einen Schlußstrich unter 40 Jahre DDR aus. Über die Frage der Einsichtnahme in die Stasi-Akten herrschte weniger Überein-

---

[175] Vgl. D. Schröder, ‚Versöhnung statt Rache', in: *Süddeutsche Zeitung*, 28. März 1990.

[176] K.-H. Krumm, ‚Die endlose Geschichte', in: *Frankfurter Rundschau*, 5. April 1990.

stimmung, aber eine ansehnliche Minderheit von 39 % unterstützte die Forderung der Bürgerbewegung nach Offenlegung der Akten. 41 % wollten sie nur für die strafrechtliche Verfolgung freigeben, und 14 % sprachen sich für ihre Vernichtung aus. Sogar 81 % der Ostdeutschen meinten, daß zu viele ehemalige SED-Funktionäre weiterhin wichtige Positionen bekleideten und zeigten sich darüber besorgt bzw. sehr besorgt.[177]

Auch in Westdeutschland standen die Säuberung und die Abrechnung mit der politischen Spitze auf der Tagesordnung, aber in den Vordergrund trat vor allem die Angst vor einer Hexenjagd auf ehemalige Stasi-Mitarbeiter. Eine „Nacht der langen Messer" hätte dramatische Folgen für die politische und gesellschaftliche Stabilität der DDR haben können. Ein anderes Motiv der Zurückhaltung wurde weniger deutlich, aber spielte hinter den Kulissen sicher mit eine Rolle: nämlich die Furcht, daß die Welle der Verdächtigungen nach Westen überschwappen und zweifellos auch dort manche politische und gesellschaftliche Karriere beenden könnte. Nicht Rache, sondern Versöhnung sollte im Mittelpunkt stehen, schrieb die *Süddeutsche Zeitung* im März 1990.[178] Die *Frankfurter Rundschau* aktualisierte ein Wort von Eugen Kogon von 1947 und meinte, daß jeder, auch ehemalige Stasi-Leute, ein „Recht auf Irrtum" habe.[179] Der westdeutsche Innenminister Wolfgang Schäuble (CDU) plädierte für eine „großzügige Amnestie" und sah unvermeidliches Unrecht bei einer groß angelegten „Entstasifizierung" voraus. Nicht anders dachte sein Parteifreund, der CDU/CSU-Fraktionschef Alfred Dregger. Die „kleinen Mitläufer", so Dregger, sollten in Ruhe gelassen werden.[180] Nicht Öl ins Feuer gießen sondern die Wogen glätten, lautete der zukunftsorientierte und gemäßigte Rat aus Westdeutschland, aber über diese Mahnung zur Vorsicht kam man im Frühjahr 1990 in der Bundesrepublik nicht wesentlich hinaus. Natürlich wollte man keinen Schlußstrich, und diejenigen, die sich tatsächlich Verbrechen schuldig gemacht hatten, sollten bestraft werden. Aber wie auf eine gerechte Weise die Grenzen zwischen Schuld und Unschuld zu ziehen waren, darüber herrschte in dieser frühen Phase bei jedem weitgehende Unklarheit.[181] Das sollte auch zukünftig das zentrale Problem bleiben.

Die Frage der Feststellung von Schuld und Unschuld drängte umso mehr, da inzwischen in der DDR viele Spuren verwischt worden waren. Dabei ging es nicht nur um das im Herbst 1989 von der Stasi selbst in aller Eile vernichtete Material, dessen Um-

---

[177] ‚Mit Gestrigen in die Zukunft', in: *Das Profil der Deutschen. Was sie vereint, was sie trennt. Spiegel Spezial* Nr.1/1991, 30 ff.

[178] Vgl. D. Schröder, ‚Versöhnung statt Rache', in: *Süddeutsche Zeitung*, 28. März 1990.

[179] K.-H. Baum, ‚Schatten der Stasi-Vergangenheit', in: *Frankfurter Rundschau*, 24. März 1990.

[180] ‚Schäuble: Stasi-Mitarbeiter amnestieren', in: *Frankfurter Allgemeine Zeitung*, 28. März 1990.

[181] Vgl. R. Leicht, ‚Unter bösem Fluch', in: *Die Zeit*, 6. April 1990.

fang nie mehr völlig zu rekonstruieren sein wird.[182] Später stellte sich heraus, daß auch unter der Verantwortung von Hans Modrow (SED/PDS), Ministerpräsident vom 13. November 1989 bis zu den Wahlen vom 18. März 1990, viele Stasi-Mitarbeiter noch die Gelegenheit bekommen hatten, ihre eigene Akte von belastendem Material zu säubern. Unter seinem Nachfolger Lothar de Mazière (CDU), der übrigens 1991 selbst der Tätigkeit für die Stasi beschuldigt werden und von der politischen Bühne verschwinden sollte, war die Führung ebensowenig auf die völlige Offenlegung gerichtet. Innenminister Peter-Michael Diestel (DSU) blockierte im Juli 1990 die Untersuchungen einer Parlamentskommission über die Vergangenheit aller Abgeordneten der Volkskammer. Unter Diestels Motto „Wir [brauchen] alle Menschen, um kommende Widersprüche überstehen zu können" wurde eine rasche Beendigung der Stasi-Debatte angestrebt, und nicht zuletzt durch seine Haltung ging es inzwischen vielen arbeitslos gewordenen Mitarbeitern der *Firma* beruflich wieder gut. Nachdem Modrow bereits ca. zweitausend von ihnen im Erziehungswesen untergebracht hatte, kamen auch unter de Mazière und Diestel Tausende ohne nähere Überprüfung erneut im öffentlichen Dienst unter.[183]

Auch hinsichtlich des Zugangs zu den Stasi-Akten plante die Regierung de Mazière sehr stringente Maßnahmen. Im Mai 1990 hatte sie Pläne bekannt gemacht, Akten mit Personendaten für mindestens 100 Jahre unter Verschluß zu halten, war damit aber sowohl in der Bevölkerung als auch in der Volkskammer auf großen Widerstand gestoßen. Am 24. August 1990, gut einen Monat vor dem Beitritt der DDR zur Bundesrepublik am 3. Oktober, nahm das ostdeutsche Parlament ein Gesetz an, das Opfern der Stasi das Recht auf Einsichtnahme in die über sie angelegten Akten garantierte.[184] Die Bedeutung dieses Gesetzes war übrigens beschränkt, da es am Tag der Einheit außer Kraft trat. Im Anhang des deutsch-deutschen Einigungsvertrags wurde zwar die Erwartung ausgesprochen, daß der neue gesamtdeutsche Bundestag eine Regelung im Geiste des genannten DDR-Gesetzes treffen werde, aber dies war keineswegs bindend. In westdeutschen Regierungskreisen schien eher die Hoffnung zu überwiegen, daß mit der Zeit die Emotionen abebben würden.

---

182 Die Vernichtung wurde durch die Besetzung von Gebäuden der Stasi teilweise gestoppt. Insgesamt wurden 17 200 Akten (25 km Archiv) mit zerrissenen Seiten vorgefunden. Einen Teil davon könnte man durch Puzzle-Arbeit rekonstruieren zu 1,2 km brauchbarem Archiv. Im Frühjahr 1993 war der Inhalt von 5650 Akten noch nicht erschlossen. 6930 Akten mußten vernichtet werden, da der Inhalt aus den Schnipseln nicht rekonstruiert werden konnte; vgl. *Erster Tätigkeitsbericht*, 5,7.

183 Vgl. ‚Das Thema Stasi soll vom Tisch', in: *Die Tageszeitung*, 18. Juni 1990; ‚Widerstand gegen Wahrheitssuche', in: *Die Zeit*, 27. Juli 1990.

184 Vgl. zu den wesentlichen Aspekten dieses Gesetzes vom 24. August 1990: Gauck, *Stasi-Akten*, 133 ff.; siehe auch: H. Geiger, ‚Zur Entstehung der Behörde des Bundesbeauftragten und des Stasi-Unterlagen-Gesetzes', in: K.-D. Henke (Hg.), *Wann bricht schon mal ein Staat zusammen! Die Debatte über die Stasi-Akten auf dem 39. Historikertag 1992*, München 1993, 35–42.

Angst vor einer Vergiftung des politischen Klimas, vor einer aus dem Ruder laufenden Hexenjagd oder Angst davor, von der eigenen Vergangenheit eingeholt zu werden – aus verschiedenen Richtungen wurde 1990 darauf gedrungen, den Deckel so weit wie möglich auf dem Topf zu halten. Sowohl in Ost-Berlin als auch in Bonn wurde im Sommer dieses Jahres sogar offen über eine Vernichtung der Personenakten gesprochen, wenn sie für die strafrechtliche Verfolgung irrelevant waren. Das war eine äußerst unglückliche Idee, und sei es nur, weil dann ehemalige Stasi-Mitarbeiter ihre Verdächtigungen weiter hätten ausstreuen können, ohne daß noch irgendeine Kontrolle anhand der Archive möglich gewesen wäre. Wichtiger war der Einwand, daß ein solcher Schritt im Widerspruch zu der stets bekundeten Solidarität mit den Opfern der Stasi stand. Man konnte erwarten, daß in der DDR viele verbittert reagieren würden, wenn sich heraustellen sollte, daß diese Solidarität nur ein Lippenbekenntnis gewesen war. In der Bürgerbewegung hatte sich ein solches Gefühl der Verbitterung 1990 bereits aufgestaut, und zu Beginn des Jahres 1991 war das Vertrauen verlorengegangen, daß man auf der politischen Ebene des inzwischen vereinigten Deutschlands die Stasi-Vergangenheit wirklich transparent machen wollte. „Welcher Umgang wird vorgeschlagen von gewählten Vertretern dieser deutschen Republik?", fragte sich der ehemalige ostdeutsche Schriftsteller Jürgen Fuchs mit unverhohlener Distanz zu dieser Bundesrepublik: „Nach all den Jahrzehnten von Druck, Demütigung und sozial ausagierter Gewalt? Schwamm drüber, Beton, Schlußstrich, Akten vernichten oder verbrennen, auf jeden Fall sichern, möglichst keinen ranlassen auf möglichst lange Zeit." Vor allem aufgrund dieser Enttäuschung nahm die Bürgerbewegung im März 1991 das Heft selbst in die Hand und veröffentlichte in der Zeitschrift *die andere* die Namen von Stasi-Mitarbeitern, die in der DDR das fürstliche Jahreseinkommen von 35 000 Mark oder mehr gehabt hatten. Chefredakteur Klaus Wolfram kündigte an, daß er es dabei nicht belassen werde und auch die Namen von anderen, wie er sie nannte, „obersten Schreibtischtätern" bekannt machen werde.[185]

Das war 1991 nicht das einzige Signal an Bonn, daß in der ehemaligen DDR das Thema Stasi noch stets im Brennpunkt des Interesses stand. Unzufriedenheit und Wut nahmen weiter zu, als sich im Sommer dieses Jahres herausstellte, daß es viele ehemalige Stasi-Mitarbeiter unter den neuen demokratischen Verhältnissen auch in der Politik schon weit gebracht hatten. In den Medien folgte eine Enthüllung nach der anderen über die belastete Vergangenheit von Abgeordneten in den Parlamenten der fünf neuen Länder. In Sachsen-Anhalt mußten im Sommer 1991 Ministerpräsident Gerd Gies (CDU) und mehrere Minister das Feld räumen, wobei Stasi-Verstrickungen eine Rolle spielten. Innerhalb der CDU-Fraktion im Magdeburger Landtag war das Klima seit den

---

[185] ‚Stasi-Vergangenheit – Schwamm drüber oder sogar Beton?', in: *Frankfurter Rundschau*, 21. März 1991. Die Auflage von *die andere* betrug 55 000 Stück und war innerhalb von drei Stunden ausverkauft; vgl. ‚Ein Signal der Betroffenen', in: *Berliner Zeitung*, 20. März 1991.

Wahlen vom Oktober 1990 durch teilweise zu Recht, teilweise zu Unrecht erhobene Stasi-Vorwürfe vergiftet gewesen. Die CDU hatte ihre sämtlichen Parlamentssitze durch Direktmandate erworben, mit der Folge, daß der nur auf der Landesliste plazierte Gies nicht in den Landtag gewählt worden war. Um für sich und einige seiner Freunde doch noch Mandate zu erhalten, soll Gies „belastete“ Abgeordnete durch ein an politische Erpressung grenzendes Verhalten zum Rücktritt gezwungen haben. Auch wenn Gies bei der Niederlegung seines Amtes betonte, er habe sich nichts vorzuwerfen, war in der Öffentlichkeit ein fataler Eindruck entstanden: Manche ehemaligen IM hatten sich durch Lüge und Betrug den Weg nach oben bis zum Ministersessel gebahnt, andere hatten ihre Posten nur erhalten, weil sie vermeintlich Belastete an den Rand gedrängt hatten.[186] Sowohl das eine wie das andere brachten die Glaubwürdigkeit der im Aufbau befindlichen Demokratie in Gefahr.

Es war vor allem um dieser demokratischen Glaubwürdigkeit willen, daß sich 1991 in der westdeutschen öffentlichen Meinung ein Umschwung vollzog. „Besser keine Stasi-Amnestie“, lautete Anfang März die Schlagzeile eines Leitartikels der *Frankfurter Allgemeinen Zeitung*, in dem auf die wachsende Enttäuschung in der ehemaligen DDR hingewiesen wurde.[187] Die Angst vor einer außer Kontrolle geratenden Hexenjagd auf Stasi-Mitarbeiter machte 1991 der Erkenntnis Platz, daß die Verbitterung über deren nicht verhinderte politische und gesellschaftliche Karrieren eine größere Bedrohung darstellte. Außerdem war inzwischen deutlich geworden, daß die Ostdeutschen den Ausgangspunkten der *friedlichen* Revolution treu geblieben waren: Gewalttätige Racheaktionen gegen Mitarbeiter der *Firma* hatte es nicht gegeben. Charakteristisch waren eher die öffentlichen „Opfer-Täter“-Gespräche, die seit Anfang 1991 im „Haus am Checkpoint Charlie“ stattgefunden hatten und in denen Opfer der Stasi das Gespräch mit ihren ehemaligen Ausspähern gesucht hatten, um herauszufinden, was in ihnen vorgegangen war. Obwohl nur wenige ehemalige Stasi-Mitarbeiter den Mut zu solchen Konfrontationen aufbrachten, manche sich vor allem über die „Verfolgung“ beklagten, der sie sich nun ausgesetzt fühlten, und die Anzahl der Treffen begrenzt blieb, bildeten diese Gespräche einen Gradmesser für das Klima unter den Opfern: Nicht Hysterie oder das Bedürfnis nach Rache, sondern das Verlangen nach Genugtuung und nach Entwirrung des Dämons Stasi war kennzeichnend.[188]

Die Wende in der westdeutschen öffentlichen Meinung 1991 führte dazu, daß der Bundestag im November dieses Jahres der Forderung vieler Ostdeutscher entsprach,

---

[186] ‚Chronik', in: *Deutschland-Archiv* 24 (1991), Nr. 8, 892.

[187] F. K. Fromme, ‚Besser keine Stasi-Amnestie', in: *Frankfurter Allgemeine Zeitung*, 4. März 1991; vgl. ‚Wer die Dreckarbeit tut', in: ebenda, 22. März 1991.

[188] Vgl. den Bericht über ein solches Gespräch: ‚Stasi-Offizier will nicht als „moralisches Schwein“ enden', in: *Der Tagesspiegel*, 23. Januar 1991; vgl. auch: ‚Neugier aneinander', in: *Der Spiegel*, Nr.11/1992, 41 ff.

Stasi-Opfern die Möglichkeit zur Einsichtnahme in ihre Akten zu geben. Mit dem sogenannten „Stasi-Unterlagen-Gesetz", das dann im Januar 1992 in Kraft trat, habe man „endlich eine gesetzliche Bresche in das Stasi-Erbe geschlagen", so der zustimmende Kommentar der ostdeutschen *Neuen Zeit*. Die Notwendigkeit dieses Schritts wurde inzwischen nur noch von wenigen bezweifelt, aber zugleich herrschte das Bewußtsein vor, daß mit der Öffnung dieser Büchse der Pandora ein Experiment mit ungewissem Ausgang begonnen hatte. Repräsentativ für dieses Bewußtsein war der erwähnte Kommentar der *Neuen Zeit*, der mit mahnenden Worten abschloß: „ Mit den Dossiers in der Hand werden viele Ostdeutsche jetzt ihre freundschaftlichen Beziehungen neu ordnen. Besonnenheit wird dabei auf Jahre hinaus die allererste Tugend sein müssen."[189] Versteht man darunter das Ausbleiben von Racheaktionen, beweist die Praxis seit Januar 1992, daß die ostdeutsche Bevölkerung diese Tugend tatsächlich an den Tag gelegt hat.[190] Wie groß das Bedürfnis nach Akteneinsicht war (und noch immer ist), geht aus dem wahren Sturmlauf von Anfragen bei der Gauck-Behörde hervor: Zwischen Januar 1992 und Juni 1994 beantragten rund 730 000 Deutsche, die über sie angelegte Akte einsehen zu dürfen, und noch stets kommen neue Anfragen hinzu.[191]

Nachdem der Streit um die Akteneinsicht ausgefochten war, nahm die Stasi-Debatte in der Öffentlichkeit eine neue Wendung. Von verschiedenen Seiten wurde nun grundsätzliche Kritik an der Richtung der bisher geführten Diskussion geübt, in der die Antwort auf die Frage „Stasi oder nicht Stasi" ausschlaggebend für Schuld oder Unschuld unter dem DDR-Regime gewesen war. Neu war diese Kritik zwar nicht, aber sie wurde nach der Öffnung der Archive energischer vorgebracht. Dabei zog man nicht die Richtigkeit dieses Beschlusses in Zweifel, sondern verwies auf die Notwendigkeit einer Ausweitung der Debatte. So sprach die Chefredakteurin der *Neuen Zeit*, Monika Zimmermann, die Gefahr der einseitigen Konzentration auf das Stasi-Archiv an. Wurde das nun ausschlaggebend für die Ausstellung von „Persil- oder Schuldscheinen"? Wie zuverlässig waren die Archive? War es außerdem nicht so, daß höhere Parteifunktionäre auf ausdrückliche Anweisung von Minister Mielke selbst formell der *Firma* ferngeblieben waren, so daß über sie gar keine Akten gefunden werden könnten? Galt für andere, z. B. Anwälte, Ärzte, Professoren, Betriebsleiter nicht das Umgekehrte, nämlich die Verpflichtung zur Zusammenarbeit mit der Stasi aufgrund ihrer Funktion? Aus diesen

---

189 Chr. Glass, ‚Recht und Rechte', in: *Neue Zeit*, 15. November 1991; vgl. J. Bischoff, ‚Trauerarbeit und Jagdlust', in: *Der Tagesspiegel*, 14. November 1991.

190 Vgl. ausführlich die Beiträge des Sammelbandes von Schädlich (Hg.), *Aktenkundig*.

191 Von diesen 730 000 Anfragen waren Ende Juni 1994 ca. 365 000 bearbeitet; über die Hälfte der Antragsteller ist, oft zur großen Enttäuschung der Betroffenen, keine Akte vorhanden. Durchschnittlich kostet die Bearbeitung eines Falls einen Mitarbeiter der Gauck-Behörde 17 Stunden Arbeitszeit; vgl. ‚Der Hälfte der 730 000 Antragsteller Einsicht in „ihre" Stasi-Akte gegeben', in: *Frankfurter Allgemeine Zeitung*, 4. Juli 1994; siehe auch: *Erster Tätigkeitsbericht*, 51 ff.

Bereichen würden sicher viele Namen in den Stasi-Archiven auftauchen, aber damit sei über ihre Schuld noch nichts gesagt, so Monika Zimmermann. „Wenn Hans Modrow der Persilschein, anderen dagegen der Schuldschein ausgestellt wird, sind wir dort, wo wir schon einmal waren, nämlich ganz am Anfang jener Schwerstarbeit, die sich Vergangenheitsbewältigung nennt".[192]

Tatsächlich drohte die Debatte am Kern der Sache vorbeizugehen. Es war aus dem Blickfeld geraten, daß die Auftraggeber der Stasi auf der politischen Ebene gesucht werden mußten, und daß man nicht jeden, der als IM überführt wurde, als „großen Verräter" oder gar als „Hauptschuldigen" registrieren konnte. Der größere politische, ideologische und gesellschaftliche Zusammenhang, in dem das Netzwerk der Stasi funktioniert hatte, blieb unsichtbar und drohte auf ein vereinfachtes Schwarz-Weiß-Schema von „guten" und „bösen" Individuen reduziert zu werden. Vor diesem Hintergrund wuchs nun das Bewußtsein, daß zwischen den schwarzen und weißen Flächen eine sehr viel größere graue Zone bestand und daß eine scharfe Grenze zwischen Gut und Böse nicht gezogen werden konnte.[193] Diese Erkenntnisse bedeuteten einen Gewinn für die Diskussion, weil dadurch neben der Frage nach Schuld und Unschuld die mindestens ebenso wichtige, aber viel subtilere Frage nach Anpassung, Anpassungsdruck, Widerstand und Opportunismus zur Sprache gebracht wurde.[194] Nicht sensationelle Enthüllungen und schnelle Verurteilungen, sondern die Suche nach der Nuance, die Beurteilung jedes Einzelfalls, die Offenlegung der psychologischen Mechanismen des Lebens unter einer scheinbar allmächtigen Diktatur – es war diese Verschiebung der Perspektive, für die viele sowohl im Osten als auch im Westen 1992 plädierten.[195] Im Sommer diesen Jahres meinte Jens Reich sogar, „daß wir erst am Anfang der eigentlichen Aufar-

---

[192] M. Zimmermann, ‚Persil- oder Schuldschein', in: *Neue Zeit*, 13. Januar 1992; vgl. U. Greiner, ‚Der Ursprung der Lüge', in: *Die Zeit*, 3. Januar 1992; ders., ‚Der Fall des Entweder-Oder', in: ebenda, 24. Januar 1992; Chr. Demke, ‚Wenn Freiheit gelingen soll, muß St. ASI vom Sockel', in: *Der Tagesspiegel*, 15. Februar 1992; D. Schröder, ‚Brecht die Macht der Stasi', in: *Süddeutsche Zeitung*, 22. Februar 1992; M. Zschaler, ‚Am Pranger der Selbstgerechten', in: *Der Tagesspiegel*, 23. Februar 1992; F. U. Fack, ‚Was die Akten bedeuten', in: *Frankfurter Allgemeine Zeitung*, 25. Februar 1992.

[193] Daß dies auch für für die DDR-Justiz galt, zeigt Inga Markovits in ihrem differenzierten und besonders eindringlichen Buch *Die Abwicklung. Ein Tagebuch zum Ende der DDR-Justiz*, München 1993.

[194] U. a. durch den ostdeutschen Schriftsteller Christoph Hein, ‚Der Name der Anpassung', in: *Wochenpost*, 26. Februar 1992.

[195] Vgl. u. a. ‚Geht es am Ende nur um Mielkes Hut', in: *Frankfurter Allgemeine Zeitung*, 29. Februar 1992; F. Schorlemmer, ‚Die „Blumen des Bösen" dürfen uns nicht betören', in: *Frankfurter Rundschau*, 12. Juni 1992; vgl. auch die im März 1992 publizierten ‚Thesen zur Aufklärung der Vergangenheit', unterzeichnet u. a. durch Mitglieder der Bürgerbewegung, SPD und CDU, abgedruckt u. a. im *Deutschland Archiv* 25 (1992) Nr. 4, 446–447.

beitung der DDR-Vergangenheit stehen".[196] Das war insofern übertrieben, als auch die Emotionen, die Wut und die moralische Rigorosität der vorangegangenen Jahre ein Teil dieser „Aufarbeitung" waren. Es war eher so, daß nach der auf Personen orientierten Perspektive der Jahre 1990/91 nun tiefer gehende Fragen gestellt wurden, auf die schnelle und einfache Antworten nicht zu geben waren.

Die Einrichtung der Enquete-Kommission des Bundestages zur „Aufarbeitung der Geschichte und der Folgen der SED-Diktatur" im März 1992 paßte in dieses Bild. Diese Kommission – unter Vorsitz von Rainer Eppelmann (CDU) – hatte das Ziel, einen Beitrag zur Verbreitung von Erkenntnissen über die vielen Aspekte der vierzigjährigen DDR-Geschichte zu leisten.[197] Im Mittelpunkt stand die Anregung einer differenzierten Diskussion sowohl innerhalb als außerhalb des Parlaments, deren Richtung man durch die Behandlung einer breiten Palette von Themen mitbestimmen wollte. Darüber hinaus sollte die Kommission in ihrem Abschlußbericht dem Bundestag Empfehlungen zur weiteren Aufarbeitung der DDR-Vergangenheit geben (z. B. ergänzende Wiedergutmachung an Opfern, Maßnahmen auf strafrechtlichem Gebiet, die Bereitstellung finanzieller Mittel für die Forschung).[198] In verschiedenen Arbeitsgruppen beschäftigte sich die Kommission u. a. mit den Macht- und Entscheidungsstrukturen in der DDR, mit den disziplinierenden Praktiken im gesellschaftlichen Leben, mit Anpassung und Widerstand, mit der Rolle der Kirchen und den deutsch-deutschen Beziehungen.[199] Um die Bevölkerung so weit wie möglich an ihren Beratungen zu beteiligen, organisierte sie öffentliche Anhörungen und Diskussionsforen an verschiedenen Orten Ostdeutschlands und unterhielt Kontakte zu Dutzenden von Organisationen in der ehemaligen DDR, die sich auf der lokalen Ebene mit derselben Thematik befassen.[200] Durch intensiven Kontakt zu den Medien beabsichtigte die Kommission, ein breites Publikum zu erreichen und so im Dialog mit der Öffentlichkeit zu einem produktiven Umgang mit der Vergangenheit beizutragen. Darunter verstand man nicht nur Hilfe bei der

---

[196] J. Reich, ‚Waren wir alle gelähmt?', in: *Frankfurter Allgemeine Zeitung*, 11. Juli 1992.

[197] Die Kommission bestand aus 16 Bundestagsabgeordneten (sieben von der CDU/CSU, fünf von der SPD, zwei von der FDP, einer von der PDS und einer vom Bündnis '90/Die Grünen) und 11 Sachverständigen, die entsprechend dem Kräfteverhältnis von den genannten Parteien von außerhalb berufen wurden; vgl. ausführlich: *Bericht der Enquete-Kommission „Aufarbeitung von Geschichte und Folgen der SED-Diktatur in Deutschland"*, DB Drucksache 12/7820, 31. Mai 1994.

[198] Vgl. zu den schließlich gegebenen Empfehlungen: *Bericht*, 279 ff.

[199] Vgl. ausführlich: *Bericht*; siehe auch die Protokolle der öffentlichen Anhörungen, von denen z.T. Zusammenfassungen im *Deutschland Archiv* 1993 und 1994 veröffentlicht worden sind.

[200] Vgl. Deutscher Bundestag, Referat Öffentlichkeitsarbeit (Hg.), *Zur Sache 1/93. Themen parlamentarischer Beratung. Erfahrungsaustausch mit Organisationen, die sich ebenfalls mit der Aufarbeitung der SED-Diktatur befassen*, Bonn 1993.

„Bewertung persönlicher Verantwortung", sondern auch die „Festigung des demokratischen Selbstbewußtseins und [...] Weiterentwicklung einer gemeinsamen politischen Kultur in Deutschland".[201] Es bedarf keiner näheren Erläuterung, daß die Kommission keinesfalls die Arbeit der Historiker, Politologen und Juristen übernehmen konnte oder wollte oder gar die amtliche Wahrheit über die DDR verkünden würde. Ein solches Endergebnis hätte zu dem Staat gepaßt, dessen Geschichte Gegenstand der Forschungen war, aber nicht zur demokratischen Bundesrepublik. Es durfte aber bei der Einsetzung der Enquete-Kommission erwartet werden, daß sie einen Beitrag zu einem differenzierten Umgang mit der DDR- Vergangenheit leisten würde, die eben nicht in der simplen Zweiteilung „Stasi" oder „Nicht Stasi", „Gauck negativ" oder „Gauck positiv" zu fassen ist.

Wie wichtig eine solche Orientierung war, wurde 1992 in der Debatte um Manfred Stolpe (SPD) deutlich. Nachdem die Redaktion des ARD-Magazins *Report* im Januar dieses Jahres einen Beitrag mit belastenden Informationen über Stolpes Vergangenheit angekündigt hatte, trat der ehemalige DDR-Konsistorialpräsident der Evangelischen Kirche in einem Artikel im *Spiegel* von sich aus mit seiner Geschichte an die Öffentlichkeit.[202] Allen Plädoyers von 1992 für mehr Sachlichkeit und Differenzierung zum Trotz – und auch Stolpes Publikationen können hierzu gerechnet werden – entbrannte um seine Person eine Auseinandersetzung, in der man diese Elemente mit der Lupe suchen mußte. Als hoher Kirchenfunktionär hatte Stolpe Kontakte zur Stasi unterhalten. Das war an sich keineswegs schockierend oder belastend, da solche Kontakte Teil des prekären Verhältnisses von Kirche und Staat in der DDR waren und da Stolpe für die Kirche als „Beauftragter für Menschenrechte" auftrat. Die Polarisierung entbrannte um die Frage, ob Stolpe in seinen Gesprächen mit der Stasi – zwischen 1959 und 1989 insgesamt ca. 1000 – nicht zu weit gegangen war, insbesondere, da aus dem Stasi-Archiv Unterlagen über Stolpe als inoffizieller Mitarbeiter mit dem Decknamen „Sekretär" auftauchten. Hatte er mit dem DDR-Regime konspiriert, um Regimekritiker mundtot zu machen, wie der *Spiegel* behauptete und Bärbel Bohley und Rainer Eppelmann nach der Durchsicht ihrer eigenen Stasi-Akten mit Unterstützung Joachim Gaucks bestätigten? Oder hatte er die oppositionellen Kräfte gerade in Schutz genommen, indem er mit diplomatischen Mitteln bei der Stasi stets auf Mäßigung drang, und hatte er dabei auch

---

[201] DB Drucksache 12/2597, 14. Mai 1992, auch veröffentlicht in: *Deutschland Archiv* 25 (1992), Nr.7, 782–784.

[202] Vgl. Der Spiegel, 20. Januar 1992. Dieser Artikel war ein Vorabdruck aus Stolpes kurz darauf in Berlin erschienenem Buch *Schwieriger Aufbruch*; vgl. zum Verlauf des „Falls" Stolpe 1992: R. G. Reuth, *IM „Sekretär". Die „Gauck-Recherche" und die Dokumente zum „Fall Stolpe"*, Berlin 1992.

Erfolg gehabt, wie seine Verteidiger hervorhoben?[203] Kurz: War Stolpe ein Mann der Kirche im Staat, oder ein Mann des Staates in der Kirche gewesen?[204]

In der polarisierten Debatte um die Person Stolpes kam vieles zusammen, was für die Diskussion über die DDR-Vergangenheit exemplarischen Charakter hatte. In erster Linie wies vieles darauf hin, daß Stasi-Akten nicht ohne weiteres die Wahrheit enthalten, da Aussagen des IM „Sekretär" gefunden wurden, die nachweisbar nicht von Stolpe stammen konnten. Auch stellte sich die Frage, ob Stolpe wissentlich ein IM gewesen war oder ob die Stasi Zusammenfassungen von Gesprächen mit ihm nur unter IM „Sekretär" abgelegt hatte. Der Fall Stolpe zeigte, daß Stasi-Akten, wie Richard Schröder bemerkt hat, „einen interessanten Blick auf die Wirklichkeit präsentieren, nicht die Wirklichkeit selbst".[205] Obwohl inzwischen hinsichtlich der Zuverlässigkeit der Stasi-Akten viel weniger Zweifel bestehen als 1992, bleibt bei ihrer Beurteilung notwendig, was die Historiker Quellenkritik nennen: nicht ohne weiteres glauben, was in den Dokumenten als Wahrheit erscheint, sondern diese Dokumente kritisch in ihren Kontext einordnen und anderen Quellen gegenüberstellen. Zu diesem Kontext gehört sicherlich auch, daß es hier um Dokumente einer Institution geht, die auf Verschwörung, Lüge und Betrug spezialisiert war. Mindestens ebenso wichtig ist, daß bei der Bewertung der Quellen auch der politisch-gesellschaftliche Rahmen in der DDR und der Spielraum des Handelns in einer Diktatur mit abgewogen werden muß.[206]

Dies führt zu einem zweiten Aspekt des exemplarischen Falls Stolpe: Wer konnte sich auf die „richtige" Vergangenheit berufen – diejenigen, die die Konfrontation mit dem Regime gesucht hatten oder diejenigen, die sich angepaßt und im Gespräch mit den Machthabern bemüht hatten, harte Maßnahmen so weit wie möglich abzuschwächen? Seit dem Untergang der DDR hatten die Wortführer der Bürgerbewegung, die jeden Kompromiß mit dem SED-Regime abgelehnt hatten, offensichtlich durch die Geschichte Recht bekommen. Sie sprachen von Stolpes „moralischem Bankrott" und for-

---

[203] Zu den Verteidigern gehörte u. a. Richard Schröder: vgl. seine Artikel ‚Die Existenz von ahnungslosen IM kann bewiesen werden', in: *Frankfurter Rundschau*, 29. April 1992, und ‚Zu Tisch mit dem Teufel', in: *Frankfurter Allgemeine Zeitung*, 12. Juni 1992. Auch Willy Brandt trat für Stolpe ein: vgl. ‚Erst das Land, dann die Partei', in: E. Böhme, K. Wirtgen (Hg.), *Willy Brandt: Die Spiegel-Gespräche*, Stuttgart 1993, 521–522, auch erschienen in: *Der Spiegel* 9/1992; vgl. auch Reuth, *IM „Sekretär"*, 23 ff.

[204] Vgl. Reuth, *IM „Sekretär"*, 26.

[205] R. Schröder, ‚Ein Beichtstuhl auf dem Marktplatz wird zum Pranger', in: *Manifest II*, 31.

[206] Vgl. zum Wahrheitsgehalt der Stasi-Akten: Chr. Ladwig, ‚Die Aufarbeitung der Stasi: Welchen Aussagewert haben die Akten des MfS?', in: Eisenmann, Hirscher (Hg.), *Bilanz*, 87–101; vgl. ausführlich: R. Engelmann, Zu Struktur, Charakter und Bedeutung der Unterlagen des Ministeriums für Staatssicherheit (Der Bundesbeauftragte für die Unterlagen des Staatssicherheitsdienstes der ehemaligen Deutschen Demokratischen Republik, BF informiert 3/1994).

derten seinen Rücktritt als Ministerpräsident.[207] Aber hatte Chefredakteur Hermann Rudolph von der Berliner Tageszeitung *Der Tagesspiegel* nicht *auch* Recht, als er Stolpe mit der rhetorischen Frage verteidigte: „Sind wir dabei, die Bedingungen zu vergessen, unter denen in der DDR gehandelt werden mußte, als sie noch real existierte?“[208] In der Tat drohte man aus den Augen zu verlieren, daß die DDR-Diktatur viel stabiler gewirkt hatte, als sie in Wirklichkeit gewesen war, und daß niemand vorhergesehen hatte, daß das Regime im Herbst 1989 untergehen würde. Nun, da dieser politisch-gesellschaftliche Kontext verschwunden war, schien man rückblickend die Grenze zwischen moralisch korrektem und moralisch verwerflichem Handeln viel schärfer ziehen zu können; jeder Kompromiß mit den kommunistischen Machthabern drohte nun den Anschein der Kollaboration zu bekommen. War Stolpe etwa unglaubwürdig, wenn er behauptete, daß die blutige Unterdrückung der Streiks und Demonstrationen des 17. Juni 1953 sein Handeln stets stark beeinflußt hatte, so wie das bei vielen seiner Generation der Fall gewesen war? Selbst schrieb er dazu: „Ich bin deshalb wohl oft zu vorsichtig, zu bedenklich gewesen. Gute Freunde haben mich davor gewarnt, nur noch eine Strategie der Konfliktvermeidung zu treiben: Man muß ganz heran an den Elektrozaun, meinten sie, nicht schon ein paar Schritte davor zurückweichen. Und sie handelten danach. Das hat am Ende den Durchbruch gebracht. Leute wie ich haben vorbereitet und abgefedert. Den entscheidenden Schritt auf die Straße taten andere.“[209]

Solange nicht zweifelsfrei feststeht, daß Stolpe anderen Menschen geschadet hatte – und das ist nie eindeutig festgestellt worden – sollte auch für ihn der rechtsstaatliche Grundsatz des *in dubio pro reo* gelten. Und diesem Grundsatz wurde, wie in vielen anderen Fällen auch, Gewalt angetan, wobei Stolpe sich dies teilweise selbst zuzuschreiben hatte, da seine Verteidigung oft mehr verhüllte als aufdeckte. Die Debatte versandete in einem polarisierten Streit darüber, wer sich auf eine „richtige“ Vergangenheit berufen konnte, wobei nur wenige dem eigentlichen Kern der Frage Aufmerksamkeit widmeten: Welche Ergebnisse konnten in Gesprächen mit Repräsentanten des Regimes erzielt werden, und wann ging eine solche „Konfliktvermeidung“ und Anpassung über in moralisch verwerfliches Verhalten und wann in strafrechtliche Schuld? „Ich habe wahrscheinlich zu oft, um ein anderes Ziel zu erreichen, Dinge hingenommen“, gab Stolpe in seinem Buch *Schwieriger Aufbruch* zu, „im nachhinein halte ich dies Schweigen moralisch nicht für richtig.“[210] War dies nicht eine Feststellung, die für die Mehrheit der Ostdeutschen zutraf, die sich – auch wenn sie sich durchgängig auf einer viel niedrige-

---

[207] V. Wollenberger, ‚Wer mag Stolpe heute wohl noch glauben?‘, in: *Welt am Sonntag*, 30. August 1992.

[208] H. Rudolph, ‚Der „Fall“ Stolpe – Beweismittel wofür?‘, in: *Der Tagesspiegel*, 24. Mai 1992; vgl. ‚Stolpes Täuschung‘, ebenda, 14. April 1992.

[209] Stolpe, *Aufbruch*, 142.

[210] Ebenda, 140–141.

ren (kirchlichen oder politischen) Ebene bewegt hatten – mit dem Leben unter dem SED-Regime „arrangiert“ hatten? Hatten sich nicht die meisten zwischen der Scylla und der Charybdis der real existierenden Diktatur durchlaviert und versucht, aus den Umständen das Beste zu machen? Und: War das ein Fehler gewesen, solange man anderen keinen Schaden zugefügt hatte? Für solche Differenzierungen gab es aber wenig Raum im Klima des Jahres 1992, in dem Täter anstelle von Erkenntnissen gesucht wurden.

Die fehlende Differenzierung im Fall Stolpe hatte auch einen politischen Hintergrund in Westdeutschland. „Entlarvt“, lautete die Schlagzeile eines Kommentars der *Frankfurter Allgemeinen Zeitung*, die wiederholt Stolpes Rücktritt forderte.[211] Diese Forderung kann man nicht von der Offensive trennen, die die westdeutschen Konservativen gegen die Politik der SPD gegenüber dem SED-Regime seit Mitte der sechziger Jahre starteten. Hatten die Sozialdemokraten sich mit ihrem Konzept vom „Wandel durch Annäherung“ mit den Repräsentanten des Unrechtsstaates DDR nicht zu weit eingelassen? Hatten sie mit ihrer Betonung der Entspannung und der europäischen Sicherheit das SED-Regime nicht gestützt anstatt untergraben und zugleich die ostdeutsche Oppositionsbewegung im Regen stehen lassen? Kurz und gut, waren die westdeutschen Sozialdemokraten nicht „Schönfärber und Helfershelfer der SED-Diktatur“ gewesen?[212] Wurde das sozialdemokratische Konzept nicht treffender mit dem Ausdruck „Blindheit durch Annäherung“ charakterisiert, wie die CDU-nahe Zeitschrift *Die politische Meinung* im April 1993 polemisierend schrieb?[213] Die Verbindung zum Fall Stolpe ist offensichtlich: Auch er hatte bei seinen Kontakten zum SED-Regime aus der Perspektive des „Wandels durch Annäherung“ gehandelt, und auch ihm hatte nach eigener Aussage eine Politik der kleinen Schritte auf dem Weg zu größerer Liberalität vor Augen gestanden. Also ging es in der Debatte über Stolpe nicht nur um das moralisch richtige Handeln *in* der DDR, sondern auch *gegenüber* dem ostdeutschen Staat. Die Abqualifizierung von Stolpes Politik der inneren Entspannung und die Abqualifizierung der SPD-Politik der deutsch-deutschen Entspannung waren zwei Seiten derselben Medaille. Auf der Seite der Konservativen pochte man auf die härtere Sprache, mit der man den früheren Machthabern in Ost-Berlin stets begegnet war, und reklamierte – ebenso wie die Bürgerbewegung in der DDR – für sich selbst, im historisch richtigen Lager gestanden zu haben. Der Einfachheit halber übersah man dabei, daß zwar die westdeutsche

---

211 F. K. Fromme, ‚Entlarvt‘, in: *Frankfurter Allgemeine Zeitung*, 27. April 1992; vgl. F. U. Fack, ‚Staatliche Erwartungshaltungen‘, ebenda, 27. Mai 1992.

212 J. Hacker, *Deutsche Irrtümer. Schönfärber und Helfershelfer der SED-Diktatur im Westen*, Frankfurt am Main 1992.

213 ‚Blindheit durch Annäherung‘, in: *Die politische Meinung*, Nr.281, April 1993, 53–69; vgl. auch den Bericht über eine Konferenz der der CSU nahestehenden Hanns-Seidel-Stiftung, ‚Wohlwollen betonierte das Unrechtssystem‘, in: *Neue Zeit*, 13. Februar 1992; vgl. auch ‚Wie es damals dazu kam‘, in: *Die Welt*, 7. September 1992.

konservative Rhetorik kräftiger gewesen war, daß sich allerdings die Politik der Christdemokraten in den achtziger Jahren nicht wesentlich von der der Regierungen Brandt und Schmidt unterschieden hatte. In dieser konservativen Offensive ging es aber nicht um die Feinheiten, sondern um die „guten“ Christdemokraten gegen die „bösen“ Sozialdemokraten. Hinter dieser Offensive des „von der Geschichte bestätigten Sieges“, in der man nicht aufhörte, auch die gemeinsamen historischen Wurzeln von Sozialdemokraten und Kommunisten zu betonen, verbarg sich mehr: Es ging um die politische Macht in der Gegenwart, wobei das Spiel über die Bande der Vergangenheit gespielt wurde.[214]

Schließlich hat der Fall Manfred Stolpe exemplarischen Charakter, weil sich trotz der Emotionen, die er 1992 hervorrief, in der Stasi-Debatte allmählich „Ermüdungserscheinungen“ zeigten. Der im Frühjahr 1992 in Brandenburg eingerichtete parlamentarische Untersuchungsauschuß, der Aufschluß über die frühere Rolle von Ministerpräsident Stolpe geben sollte, beförderte viele widersprüchliche Details ans Licht. Ein klares Bild, das sich in das Schwarz-Weiß-Schema von Gut und Böse einfügte, entstand aber bis zuletzt nicht, und in der ostdeutschen öffentlichen Meinung wuchs schon 1992 das Bedürfnis, die Debatte über Stolpe zu beenden.[215] Insbesondere in Brandenburg war dieses Verlangen groß: Im Oktober 1992 plädierten 80 % der Bürger dieses Landes dafür, während nur 11 % die Fortsetzung der Debatte befürworteten.[216] Die Brandenburger stellten sich massiv hinter ihren „Landesvater“ und taten das auch weiterhin, wie die Landtagswahlen am 11. September 1994 zeigten: Die SPD erzielte 54,1 % der Stimmen (1990: 38,2 %), ein Erfolg, der im wesentlichen Stolpe zu verdanken war. Aus den genannten Umfrageergebnissen vom Oktober 1992 geht hervor, daß die Brandenburger bereits damals nicht mehr allzu intensiv mit der Vergangenheit konfrontiert werden wollten. Inzwischen standen andere Sorgen wie Arbeitslosigkeit, steigende Preise und das Bewußtsein, daß die Abhängigkeit von den „Wessis“ so schnell nicht enden

---

214 Trotz der historischen Vereinfachungen, deren die Konservativen sich bedienen, ist die Frage sicherlich gerechtfertigt, ob die SPD die unmenschliche Seite des SED-Regimes (und der anderen osteuropäischen Diktaturen) nicht stärker hätte anprangern müssen; vgl. Gesine Schwan, ‚Vom schwierigen Handeln in der Grauzone', in: *Die Zeit*, 24. April 1992; inzwischen ist die Diskussion darüber in der SPD in Gang gekommen: vgl. D. Dowe (Hg.), *Die Ost- und Deutschlandpolitik der SPD in der Opposition 1982–1989*, Bonn 1993 (Friedrich-Ebert-Stiftung); T. Fichter, *Die SPD und die Nation. Vier sozialdemokratische Generationen zwischen nationaler Selbstbestimmung und Zweistaatlichkeit*, Berlin 1993; Stephan (Hg.), *Kollaborateure*; siehe auch: T. Garton Ash, *Im Namen Europas. Deutschland und der geteilte Kontinent.* München, Wien 1993.

215 Vgl. zum Ende der Arbeit des Untersuchungsausschusses: „‚Es war der richtige Weg“ ...', in: *Das Parlament*, 24. Juni 1994. Vgl. zur Rede Stolpes in der abschließenden Parlamentsdebatte, in der er erneut Fehleinschätzungen in seinem Umgang mit dem SED-Regime zugab: „‚Ich habe mich sehr frei bewegt“', in: *Deutsches Allgemeines Sonntagsblatt*, 24. Juni 1994.

216 ‚Infas: „Fall Stolpe“ ist für die Masse kein Thema', in: *Neue Zeit*, 7. Oktober 1992; vgl. ‚Statt großem Finale eher der Ruf „Aufhören“', in: *Frankfurter Rundschau*, 1. März 1993.

würde, im Mittelpunkt. Solche Gefühle fügten sich ein in das allgemeine Klima im Osten Deutschlands, wo 1992/93 der Ruf nach einem Schlußstrich zunehmend lauter erklang, wie im folgenden näher erläutert werden soll.

„Entstasifizierung"

Beim Thema Stasi ging es nicht nur um Wut und Fassungslosigkeit angesichts des langen Arms von Mielkes Ministerium, um sensationelle Enthüllungen, die (un)erwünschte Einsichtnahme in Akten und um Versuche, schematisches Denken zu durchbrechen. Auch außerhalb dieser öffentlichen Debatte bekamen sehr viele Ostdeutsche persönlich damit zu tun. Was sollte mit den hunderttausenden Lehrern, den Beamten, den Richtern geschehen? Was mit dem Polizeiapparat, den Dozenten an den Universitäten, den wissenschaftlichen Mitarbeitern an der *Akademie der Wissenschaften*? Wer konnte nach dem Oktober 1990 aus dem kopflastigen Behördenapparat der erloschenen DDR übernommen werden, und aus welchen Gründen konnte man entlassen werden? Dazu war im deutsch-deutschen Einigungsvertrag u. a. festgelegt worden, daß eine „ordentliche" Kündigung im Bereich des öffentlichen Dienstes zulässig war, wenn der Betroffene „wegen mangelnden Bedarfs nicht mehr verwendbar ist".[217] Dieses Los traf Zehntausende. Ministerien schlossen ihre Pforten, politisch-gesellschaftliche und andere Institutionen verschwanden, Universitätsfächer wurden aufgelöst, während andere wissenschaftliche Einrichtungen und Abteilungen nach der Evaluierung durch den *Wissenschaftsrat* personell (stark) abgespeckt wurden.[218] Von größerer Bedeutung sind hier die Gründe für eine „außerordentliche" Kündigung: Diese sollte prinzipiell erfolgen, wenn der Betroffene „Grundsätze der Menschlichkeit oder Rechtsstaatlichkeit" verletzt oder für das Ministerium für Staatssicherheit gearbeitet hatte. Diese Bestimmung des Einigungsvertrages führte zu einer massenhaften Überprüfung aller, die in den neuen Ländern im öffentlichen Dienst arbeiteten oder sich um einen solchen Arbeitsplatz bewarben. Der damit in Gang gesetzte Prozeß ist im Jahre 1994 noch nicht abgeschlossen. Wie in der Einleitung bereits erwähnt, geschieht die Überprüfung mit Hilfe sogenannter „Fragebögen". Diese sind von Land zu Land unterschiedlich, aber überall wird nach

---

[217] *Einigungsvertrag*, 1140; vgl. des weiteren ausführlich: Wissenschaftliche Dienste des Deutschen Bundestages, *Dokumentation. Die Regelungen für die Beschäftigung im öffentlichen Dienst unter dem Aspekt von Belastungen aus der Zeit des SED-Regimes im Bund und in den Ländern*, Bonn, März 1993.

[218] Bei diesen Evaluierungen ging es nicht um die Frage, ob die Mitarbeiter politisch belastet waren, sondern darum, ob die wissenschaftlichen Leistungen die Fortsetzung der Forschungsarbeiten rechtfertigten. Aus einer Umfrage unter den „Evaluierten" ging hervor, daß 90 % die Atmosphäre, in der die Gespräche stattgefunden hatten, als „gut" bezeichneten; 55 % nannten die Beurteilungen „gerechtfertigt"; vgl. ‚Und nun Gutachten im Westen', in: *Der Tagesspiegel*, 8. Oktober 1991.

einer Tätigkeit für die Stasi, der Mitgliedschaft in politischen Parteien oder Massenorganisationen und eventuellen Funktionen in diesen Organisationen gefragt.[219] Zugleich erkundigt man sich bei der Gauck-Behörde, ob über den Betroffenen eine belastende Akte existiert. Bis Juli 1994 waren 1,4 Millionen solcher Anfragen gestellt worden, von denen ca. 80 % erledigt worden waren. Über ca. 10 % der behandelten Personen hatte man belastendes Material gefunden: Sie wurden als IM enttarnt oder hatten in einem festen Dienstverhältnis beim MfS gestanden.[220] Beamte, die als belastet gelten, werden einzeln angehört, wonach die Entlassung beschlossen werden kann. Zu wie vielen Entlassungen das bis jetzt geführt hat, ist nicht genau festzustellen[221], weil darüber keine zentralen Statistiken geführt werden und die Art der Informationserfassung je nach Bundesland sehr verschieden ist. Einen Anhaltspunkt bieten die verfügbaren Daten aus Brandenburg und Mecklenburg-Vorpommern, die bis zum Frühjahr 1993 reichen. Bis Mitte April diesen Jahres wurden in Brandenburg 11 412 Beamte von der Gauck-Behörde „durchleuchtet", davon wurden 300 (2,63 %) als belastet angesehen. Von diesen 300 wurden 128 entlassen, 66 verblieben im öffentlichen Dienst, und über 105 Personen war noch keine Entscheidung gefallen.[222] In Mecklenburg-Vorpommern waren bis zum März 1993 von den 37 418 „durchleuchteten" Personen 518 entlassen worden.[223] Obwohl sich die Kriterien für eine Entlassung von Land zu Land unterscheiden, ist auf der Basis der zur Verfügung stehenden Zahlen die (vorsichtige) Schlußfolgerung erlaubt, daß bis zum Frühjahr 1993 insgesamt 1 bis 2 % des überprüften Personals aufgrund einer belasteten Vergangenheit entlassen wurden. Diese Zahl wird durch den Prozentsatz der Entlassungen in Berlin bestätigt. In der Hauptstadt wurden bis zum Beginn des Jahres 1993 100 000 Personen überprüft, von denen 1800 entlassen wurden.[224]

---

[219] Vgl. zum Text der in den fünf neuen Ländern benutzten Fragebögen: *Regelungen*; vgl. zu einer juristisch-kritischen Analyse der Fragebögen: Th. Weichert, ‚Überprüfung der öffentlich Bediensteten in Ostdeutschland', in: *Kritische Justiz*, 1991, 457–475.

[220] Vgl. ‚Wie weit sind die Stasi-Überprüfungen?', in: *Der Tagesspiegel*, 4. September 1994; vgl. zum Arbeitsablauf in der Gauck-Behörde bei diesen Anfragen: *Erster Tätigkeitsbericht*, 61 ff.

[221] Vgl. Cl. Vollnhals, ‚Abrechnung mit der Diktatur. Politische Säuberung nach 1945 und 1989', (Paper IPSA XVI. World Congress, Berlin, August 1994).

[222] Schriftliche Mitteilung des Ministeriums des Innern des Landes Brandenburg, Potsdam, vom 2. August 1993 an den Autor.

[223] Landtag Mecklenburg-Vorpommern, 1. Wahlperiode, Drucksache 1/3226, 9. Juni 1993, 2, 4.

[224] ‚100 000 auf Stasi-Mitarbeit überprüft', in: *Der Tagesspiegel*, 29. Februar 1993; vgl. auch den Stand der Stasi-Überprüfung in Sachsen beim Staatsministerium des Innern und im nachgeordneten Bereich: Von den 5332 Gauck-Anfragen waren Ende Oktober 1994 5235 beantwortet, davon 239 mit Hinweis auf eine hauptamtliche bzw. inoffizielle Tätigkeit für das MfS/AfNS, außerordentliche Kündigungen: 60; vgl. Staatsministerium des Innern, Dresden, Schreiben vom 14. Dezember 1994 an den Autor.

Relativ häufig finden Entlassungen bei der Polizei und auf allen Ebenen des Bildungswesens statt. Von den genannten 518 Entlassenen in Mecklenburg-Vorpommern waren beinahe die Hälfte Polizisten. In Berlin wurden bis zu Beginn 1993 ca. 10 % der früheren Ost-Berliner Volkspolizisten auf die Straße gesetzt.[225] In Sachsen und Thüringen betrachtete man ungefähr 10 bzw. 14 % der Polizisten als belastet.[226] Geradezu ein Kahlschlag hat im Bildungswesen stattgefunden. Von den 180 000 DDR-Lehrern wurden bis Ende 1992 20 000 entlassen. Der Grund für diese Massenentlassung lag in erster Linie darin, daß das Lehrpersonal auf die im Westen übliche Schüler-Lehrer-Relation reduziert werden mußte. Im Prinzip ging es hier also vor allem um ordentliche Kündigungen. Es bedarf aber keiner näheren Erläuterung, daß die politisch oder durch eine Stasi-Mitarbeit belasteten Lehrer als erste auf der Straße standen.[227] Die Gesamtzahl der belasteten Lehrer ist nicht genau festzustellen, da viele in den Vorruhestand gegangen sind oder die Massenentlassung nicht abgewartet haben und ihrer Entlassung durch Kündigung zuvorgekommen sind. Es wird geschätzt, daß die Stasi an jeder Schule über mindestens zwei oder drei Informanten verfügte. Bei insgesamt 6700 Schulen in der DDR muß man also von 13 000 bis 20 000 Mitarbeitern der *Firma* ausgehen. Wie es auch sei, es ist keine Frage, daß der Unterrichtsbereich aufgrund seiner wesentlichen Rolle bei der Formung einer „sozialistischen Persönlichkeit" einen besonders hohen Prozentsatz an belasteten Personen aufweist. In Sachsen, das übrigens für seine strenge Säuberung des Bildungswesens bekannt ist, hatte man Anfang 1992 4800 Lehrer überprüft, von denen 4000 zur Entlassung vorgeschlagen wurden.[228] Das betraf sicher nicht nur Stasi-Mitarbeiter, sondern auch „normale" Lehrer in belasteten Fächern wie Geschichte, Marxismus-Leninismus und Wehrkunde.

Bei der massiven Überprüfungswelle, die seit dem Untergang der DDR Ostdeutschland überspült und deren Ende noch nicht abzusehen ist, werden im Vergleich zur Entnazifizierung in der Nachkriegszeit sowohl Unterschiede als auch Übereinstimmungen sichtbar. Hinsichtlich der Unterschiede fällt in erster Linie auf, daß die Entnazifizierung unter dem Druck und der Aufsicht der Alliierten stattfand, während die „Entstasifizierung" ganz in deutscher und zwar vornehmlich *ostdeutscher* Hand liegt. Völlig anders ist auch, und das ergibt sich aus den oben dargelegten Unterschieden zwischen 1945 und 1989/90, daß nach dem Untergang der DDR bei der Bevölkerung ein breites Verlangen

---

225 ‚Jeder zwanzigste mußte den Hut nehmen', in: *Die Tageszeitung*, 5. Februar 1993.

226 Bei der Polizei in Thüringen war der Stand am 1. November 1994: 8575 Anfragen bei der Gauck-Behörde, davon 7667 erledigt, 1075 Einstufungen als belastet; schriftliche Mitteilung des Thüringer Innenministeriums, Erfurt, vom 14. November 1994 an den Autor.

227 Vgl. ‚20 000 Lehrer weniger', in: *Der Tagesspiegel*, 22. Januar 1992.

228 ‚Lehrerentlassungen in Sachsen', in: *Der Tagesspiegel*, 2. Januar 1992.

nach einer umfassenden Säuberung von Politik und Gesellschaft bestand. Ferner muß nun allein Behördenpersonal den Fragebogen ausfüllen und nicht, wie im Befreiungsgesetz von 1946 festgelegt wurde, jeder Bürger über 18 Jahre. So massiv die derzeitige Überprüfung auch ist, betrifft sie einen viel kleineren Teil der Bevölkerung. Außerdem ging die Entnazifizierung in rechtlicher Hinsicht erheblich weiter: Die Spruchkammern konnten Strafen verhängen (Arbeitslager, Bußgelder usw.), während die Personalkommissionen bei der „Entstasifizierung" nur darüber entscheiden, ob ein Dienstverhältnis beim Staat weiter erwünscht ist, und die Arbeitsbeziehungen außerhalb des öffentlichen Dienstes praktisch außer Betracht bleiben.[229] Das mag weniger konsequent als nach 1945 sein, aber wie oben erläutert wurde, hatte sich die Entnazifizierung gerade durch ihren massiven und weitgehenden Zugriff festgefahren. Die Beschränkung auf eine Säuberung des Staatsapparates ist denn auch eine gute Entscheidung gewesen: Der Staat verkörpert schließlich die neue Demokratie, und man kann sich die Verbitterung vieler ehemaliger DDR-Bürger vorstellen, wenn sie gerade im Kontakt mit dem Staat mit politisch oder durch Stasi-Mitarbeit belasteten Beamten konfrontiert würden.

Vor diesem Hintergrund sind auch die Folgen der „Entstasifizierung" weniger tiefgreifend als die der Entnazifizierung nach 1945. Drohte damals durch die Massenentlassungen dem Verwaltungs- und Wirtschaftsleben der Stillstand, konnte davon nach 1989/90 keine Rede sein. Die Anzahl belasteter Personen ist relativ gering, und eine Entlassung findet (durchgehend) nur nach einer „Einzelfallprüfung" statt. Hinzu kommt – auch das ein fundamentaler Unterschied zu den Nachkriegsverhältnissen –, daß die ehemalige DDR Teil einer modernen, effizienten Gesellschaft geworden ist, von der sehr viel personelle und materielle Hilfe kommt. Frei werdende Positionen in der Politik, der Verwaltung, dem Bildungsbereich und der Wirtschaft werden teilweise durch Westdeutsche besetzt, wodurch Säuberung und (Wieder)aufbau seit 1989/90 in einem weniger gespannten Verhältnis zueinander stehen als nach 1945.[230] Schließlich ist im Gegensatz zu 1945 auch die Organisation der „Entstasifizierung" in eine moderne Gesellschaft eingebettet. Die Gauck-Behörde ist wie ein Amtsapparat aufgebaut, verfügte 1993 über einen Etat von rund 260 Millionen DM und hat inzwischen ungefähr 3000 Mitarbeiter. Für dieses Personal werden spezielle Kurse zur Struktur des ehemaligen Ministeriums für Staatssicherheit, über Archivierung und Computereinsatz organisiert. Schließlich ist in der Behörde auch noch eine Forschungsabteilung untergebracht.[231]

---

[229] Die Gauck-Behörde darf nur über die höheren Leitungsebenen Informationen mitteilen, und die Nachfrage nach solchen Informationen ist gering; vgl. *Erster Tätigkeitsbericht*, 64.

[230] In den anderen früheren Ostblockstaaten ist die Spannung zwischen Säuberung und (Wieder)aufbau ebenfalls stark spürbar; vgl. zur dortigen Säuberungsproblematik die Artikelserie ‚Wraak in Oost-Europa' in: *NRC/Handelsblad*, 21., 22., 23., 28., 29., 30. und 31. Dezember 1992.

[231] Vgl. ausführlich *Erster Tätigkeitsbericht.*

Betrachtet man die „Entstasifizierung" vor dem oben skizzierten Hintergrund, dann ist sie zwar vom Ansatz her sehr umfangreich, aber sie scheint nicht an ihren eigenen Zielen zugrunde zu gehen, wie es bei der Entnazifizierung der Fall gewesen ist. Drei Jahre nach 1945 wurde die Entnazifizierung abgeschlossen, drei Jahre nach der deutschen Einheit war die Säuberung des öffentlichen Dienstes noch in vollem Gang, auch wenn die Praxis der „Entstasifizierung" zunehmend Kritik und Gefühle der Unlust hervorrief.

Damit rückt eine wichtige Gemeinsamkeit von Entnazifizierung und „Entstasifizierung" ins Blickfeld, nämlich das Problem der Gerechtigkeit und Rechtsgleichheit bei der in Gang gesetzten Säuberung. Kaum jemand bestreitet die Notwendigkeit einer Säuberung, aber über die dabei anzuwendenden Kriterien besteht weniger Übereinstimmung. Ebenso wie nach 1945 große Unterschiede zwischen und auch innerhalb der Besatzungszonen auftraten, kann auch nun von einer konsequenten Linie keine Rede sein. In einem Bundesland urteilt man strenger als in einem anderen, aber auch innerhalb der Länder folgen die einzelnen Abteilungen und Personalkommissionen oft ihrem eigenen Kurs.[232] Daß bei der individuellen Beurteilung Unterschiede auftreten, ist eigentlich eher unvermeidlich als erstaunlich oder dramatisch. Viele belastete Fälle sind nicht „schwarz" oder „weiß", sondern vor allem „grau", und die eine Kommission entscheidet puristischer als die andere. Problematisch wird es aber, und das ist die Wirklichkeit, wenn die Unterschiede erheblich sind. In Berlin wurden anfangs alle ehemaligen DDR-Richter außer Dienst gestellt, während das in Brandenburg nicht der Fall war. Mußte jeder, der auf der Lohnliste der Stasi gestanden hatte, also auch alle Putzfrauen, Gärtner, Schreibkräfte, Köche und Pfleger eines speziellen Krankenhauses für Stasi-Mitarbeiter, aus dem öffentlichen Dienst entfernt werden? Ja, meinte man im Berliner Bezirk Weißensee, denn im Dienst der Stasi hatten sie finanzielle und andere Vorteile angenommen und überdies gewußt, für welche Organisation sie gearbeitet hatten. Nein, urteilte man in Brandenburg, wo solche Personen oft nicht einmal zu einem Gespräch eingeladen wurden und ohne weiteres im öffentlichen Dienst bleiben konnten.[233] Kann man von Rechtsgleichheit sprechen, wenn das Bundeskriminalamt in Wiesbaden gut ausgebildete Stasi-Offiziere einstellt und sie anschließend als Leibwächter für Bonner Minister beschäftigt?[234] Wären Manfred Stolpe und andere Politiker

---

232 Vgl. ‚In jedem Ministerium ein anderes Verfahren', in: *Der Tagesspiegel*, 5. Mai 1992.

233 ‚Hier wäre de Maizière nicht mal Hausmeister', in: *Berliner Zeitung*, 11. Juli 1991.

234 Vgl. ‚Köchinnen und Straßenkehrer bekommen den blauen Brief', in: *Süddeutsche Zeitung*, 2. Oktober 1991.

noch im Amt, wenn man bei ihnen die gleichen strengen Kriterien wie bei manchen Beamten angewandt hätte?[235]

Ebenso wie nach 1945 scheinen auch nun – trotz aller Bemühungen um Sorgfalt – Willkür, politische Opportunität und Zufälle mitentscheidend zu sein. Erneut erweist sich in vielen Fällen Recht als ein dehnbarer Begriff, und es bestehen begründete Zweifel, ob sich alle entlassenen Personen wirklich unlauterer Handlungen schuldig gemacht haben bzw. anderen durch ihr Verhalten geschadet haben. Ist es außerdem fair, die vielen Hunderttausend, die noch überprüft werden müssen, jahrelang im Ungewissen zu lassen? Können die Personalkommissionen in der kurzen Zeit, die für jeden Fall zur Verfügung steht, wirklich zu einem abgewogenen Urteil kommen? Umfassende und zugleich gerechte Säuberung, so scheint es erneut, hat viel von einer Quadratur des Kreises. Die Kriterien variieren nicht nur je nach Ort, sondern verschieben sich auch mit fortschreitender Zeit hin zu größerer Milde. Die Folge davon ist nicht nur eine teilweise verständliche Verbitterung bei betroffenen Beamten, sondern auch Enttäuschung bei denjenigen, die sich stets aus guten Gründen für eine (strenge) Säuberung eingesetzt haben.

Diese Enttäuschung ergibt sich teilweise aus der Illusion, daß eine Säuberung zu einer weitgehenden Ersetzung ehemaliger „Ja-Sager" durch frühere „Nein-Sager" führen würde. Natürlich ist die alte privilegierte politische Spitze verschwunden, und mancher ehemalige Regime-Kritiker hat inzwischen eine steile Karriere gemacht. Für die mittlere Ebene stellte der sächsische Umweltminister Arnold Vaatz (CDU) im Juli 1993 aber zu Recht fest, daß diejenigen, „die früher auf der Sonnenseite des DDR-Staates zu finden waren, zum größten Teil wieder auf der Sonnenseite der grundgesetzlich verfaßten Ordnung angekommen" sind.[236] In den Ministerien der neuen Länder sind die ehemaligen SED-Mitglieder überrepräsentiert, und in der freien Wirtschaft wissen sich die ehemaligen Kaderleiter – mit oder ohne früherem SED-Vermögen – ebenfalls gut zu helfen: Sie kennen die Betriebe und sind darum für viele westdeutsche Manager die geeigneten Partner. Im Wirtschaftsleben entscheidet nicht Ethik oder Moral, ob es zur Zusammenarbeit mit Ostdeutschen kommt, sondern die Frage: „Was kostet der Mann, und was bringt er?"[237] Die alten SED-Kaderzirkel existieren teilweise in Form neuer „Seilschaften" weiter, die dafür sorgen, daß in der Personalpolitik vieler Betriebe ehemalige „Genossen" auf Kosten der früheren „Nein-Sager" des Regimes bevorzugt werden. Diese Tatsachen kollidieren verständlicherweise nicht nur mit dem Rechtsgefühl

---

[235] Vgl. zur CDU: Chr. von Ditfurth, *Blockflöten. Wie die CDU ihre realsozialistische Vergangenheit verdrängt*, Köln 1991.

[236] A. Vaatz, ‚Die unzureichende Auseinandersetzung mit der DDR-Vergangenheit', in: *Frankfurter Allgemeine Zeitung*, 22. Juli 1993.

[237] M. J. Kerscher, ‚Die Weißwäscher', in: *Die Woche*, 17. Februar 1994.

ehemaliger Regime-Kritiker, sondern auch mit dem Rechtsgefühl derjenigen, die durch übertriebenen Purismus inzwischen ihre Arbeit verloren haben. Hinzu kommt, daß in den neuen demokratischen Verhältnissen die frühere politische *Überzeugung* eines Bewerbers bei der Einstellung oder Entlassung keine Rolle spielen soll. Opportunismus und Anpassung an das Leben unter der SED-Diktatur sollen ebensowenig ein Kriterium sein, wenn die Betroffenen keine nachweislich belastete Vergangenheit haben. Auch dies mag dem Rechtsgefühl derjenigen widersprechen, die eine Anpassung verweigerten und bereit waren, dafür etwa bei Studienmöglichkeiten und Berufsperspektiven Nachteile in Kauf zu nehmen. Hier zeigt sich das zentrale Problem der Säuberung: Sie ist notwendig, und viele sind aus gutem Grund aus dem öffentlichen Dienst entlassen worden, aber die gesellschaftlichen Folgen von vierzig Jahren Diktatur können dadurch nicht ungeschehen gemacht werden. Recht und Rechtsgefühl kollidieren unvermeidlich miteinander – nicht nur, weil das Knäuel von Schuld, Verstrickung und Anpassung mehrerer hunderttausend Bürger nicht nach objektiven Maßstäben zu entwirren ist, sondern auch, weil eine Säuberung nach den Prinzipien des Rechtsstaates viele frühere „Ja-Sager" an ihrem Platz beläßt und die „Nein-Sager" nicht von vornherein bevorteilt.

Säuberung schafft sowohl Recht als auch neues Unrecht(sgefühl), wie die Praxis der vergangenen Jahre gezeigt hat. Diese Erkenntnis war mit ein Grund dafür, daß sich 1993 die oben bereits festgestellten Ermüdungserscheinungen in Sachen Stasi weiter verbreiteten und der Ruf nach Versöhnung öfter und lauter zu hören war. Wurde nicht mehr Gift versprüht und Verbitterung erzeugt als Gerechtigkeit geschaffen? Drohte der Aufbau von Rechtsstaat und Demokratie dadurch gefährdet zu werden? Das waren Fragen, die stark an die Anfangsphase der Stasi-Debatte 1990 erinnerten, als man von Westdeutschland aus die Wogen zu glätten versuchte. Damals wurden sie aber vor allem aus Angst vor einer Hexenjagd gestellt, und man schien dabei eine begrenzte Offenheit hinsichtlich der Vergangenheit anzustreben, während drei Jahre später die Umstände grundlegend anders waren: Die Säuberung war in Gang gesetzt worden, sie hatte Ergebnisse gebracht und war zugleich an ihre Grenzen gestoßen. Die Debatte war nicht blockiert, sondern mit allen unvermeidlichen Unzulänglichkeiten geführt worden. Niemand konnte behaupten, daß keine ernsthaften Versuche der „Entstasifizierung" unternommen worden waren.

In dem Chor, der im Jahre 1993 für eine Versöhnung eintrat, klangen sicherlich auch unaufrichtige Stimmen von Personen durch, die bereits durch eine wirklich belastete Vergangenheit eingeholt wurden oder fürchteten, daß dies noch geschehen würde. Gewichtiger waren die Plädoyers von anderer Seite. *Weil das Land Versöhnung braucht*, lautete der Titel eines im Herbst 1993 erschienenen Manifestes mit Beiträgen bekannter

Ost- und Westdeutscher.[238] „Gewiß, es fällt schwer, manche der ‚alten Genossen' und ihre servil-gefährlichen Mitläufer noch immer – oder schon wieder – in Ämtern und Würden zu sehen", schrieb Friedrich Schorlemmer in diesem Sammelband, „aber das Auskämmen mit dem eisernen Kamm trifft zu viele, deren Können wir brauchen". Damit trat der Friedenspreisträger des Deutschen Buchhandels 1993 nicht für einen Schlußstrich ein – „Versöhnung heißt nicht ‚Schwamm drüber'" lautete der Titel seines Beitrags – sondern für eine Vorgehensweise, bei der nicht der Ausschluß sondern die Integration Hunderttausender im Mittelpunkt stehen sollte. Straftaten müßten natürlich verfolgt werden, und Vertrauenspositionen im öffentlichen Leben dürften nicht für frühere „Menschenrechtsverächter" zugänglich gemacht werden, aber dabei müsse es bleiben: „Nach einer Zeit existentieller Unsicherheit, rigoroser Entlassungen und gesellschaftlicher Ächtung muß fachlicher und gesellschaftlicher Einsatzwillen nun auch wieder Anerkennung finden." Niemand mit einem sauberen Vorstrafenregister dürfe ausgeschlossen werden, auch sie müßten ihren Beitrag zum weiteren Aufbau der sozialen und liberalen Demokratie leisten, so Schorlemmer.[239] Und dieses Plädoyer war repräsentativ für den Klimawechsel, der sich in Sachen „Entstasifizierung" 1993 vollzog.

Ende 1993 ging Schorlemmer noch einen Schritt weiter mit seinem Plädoyer, am 1. Januar 1996 die Stasi-Archive „einem großen Freudenfeuer anzuvertrauen". Zur selben Zeit dachte Bundeskanzler Kohl bei seiner Stellungnahme vor der Enquete-Kommission zur Aufarbeitung der SED-Diktatur laut über die Schließung dieser Archive nach. Zur Begründung erwähnte er die „üblen Gerüche", die aus den Stasi-Akten aufstiegen und eine Vergiftung des gesellschaftlichen Klimas befürchten ließen.[240] Die öffentliche Reaktion auf solche Befürwortungen einer Beendigung der Stasi-Debatte machte aber deutlich, daß es trotz des zunehmenden Rufs nach Versöhnung und den bereits erwähnten Ermüdungserscheinungen für einen solchen Schlußstrich zu früh war. Unter Hinweis auf den Wunsch vieler früherer Opfer der Stasi, ihre Akten einzusehen, kritisierten viele Zeitungen Schorlemmer und Kohl: „Wer [...] die Stasi-Akten wieder versiegeln will, der versucht, den ehemaligen Bürgerrechtlern der DDR ihren letzten Sieg zu rauben", kommentierte die *Süddeutsche Zeitung* unter der Schlagzeile „Das

---

[238] *Ein Manifest II. Weil das Land Versöhnung braucht*, Berlin 1993. Die Beiträge wurden von Marion Gräfin Dönhoff, Peter Bender, Friedrich Dieckmann, Friedrich Schorlemmer, Richard Schröder, Uwe Wesel sowie Adam Michnik verfaßt.

[239] F. Schorlemmer, ‚Versöhnung heißt nicht: „Schwamm drüber"', in: *Manifest II*, 64.

[240] Vgl. ‚Für und wider die Schließung der Akten', in: *Frankfurter Allgemeine Zeitung*, 20. November 1993.

Recht der Opfer".[241] Daß Schorlemmer und Kohl mit ihren Vorschlägen weiter gegangen waren, als viele ehemalige DDR-Bürger wünschten, zeigte sich auch an der plötzlichen Zunahme von Anträgen auf Akteneinsicht bei der Gauck-Behörde und ihren Außenstellen. Bevor es möglicherweise zu spät wäre, wollten offensichtlich viele noch eine Antwort auf die Frage haben, ob und wenn ja, durch wen sie unter dem SED-Regime bespitzelt worden waren. Vor der nun entflammten Diskussion über die Schließung der Stasi-Akten hatte es durchschnittlich 7000 Anfragen pro Monat gegeben, Ende 1993 stieg diese Zahl auf 10 000 pro Monat.[242]

Das Presseecho vom Herbst 1993 und die darauf erfolgte größere Anzahl von Anträgen auf Akteneinsicht hatten deutlich gemacht, daß Schorlemmer, Kohl und andere Befürworter eines Schlußstrichs unter die Stasi-Debatte voreilig gewesen waren. Dennoch beruhigte sich die Diskussion um die Stasi weiter. Im Januar 1994 zog Matthias Geis in der *Tageszeitung* eine Bilanz über zwei Jahre Öffnung der Stasi-Archive. Die „schlagzeilenträchtige Enttarnung", stellte er fest, hatte inzwischen der „unspektakuläreren Akteneinsicht" von tausenden von Betroffenen Platz gemacht.[243] In das sachlicher gewordene Klima, in dem die Arbeit der Gauck-Behörde beinahe zur Normalität geworden war, paßte auch der weitere Verlauf der Diskussion über die Integration ehemaliger IM und früherer SED-Mitglieder in das politische und gesellschaftliche Leben des vereinigten Deutschlands. „Noch ist es zu früh", schrieb Stefan Berg im April 1994 im *Deutschen Allgemeinen Sonntagsblatt* angesichts der Überprüfungen im öffentlichen Dienst, „aber irgendwann muß auch der Zeitpunkt kommen, darüber nachzudenken, wann derartige Verfahren ganz wegfallen können [...]. Denn niemandem darf die Fähigkeit zur Veränderung abgesprochen werden."[244] Tatsächlich war es im Frühjahr 1994 für einen solchen Schritt noch zu früh, wie auch die SPD-Politiker Johannes Rau und Wolfgang Thierse erkennen mußten, als sie zur selben Zeit über eine zukünftige Abschaffung der Regel-Anfrage für Bewerber bei der Gauck-Behörde sprachen und deswegen kritisiert wurden. Die Konturen des zukünftigen Umgangs mit dem Thema Stasi sind jedoch sichtbar geworden: Es dominiert zwar noch das Bewußtsein, daß eine Schließung der Archive den Opfern ein falsches Signal geben würde, aber seitdem die Stasi-Debatte 1993 ihren emotionalen Höhepunkt überschritten hat, wird in zuneh-

---

241 H. Prantl, ‚Das Recht der Opfer', in: *Süddeutsche Zeitung*, 10. November 1993; vgl. auch: Ph. v. Wilcke, ‚Zu früh für Schlußstrich', in: *Leipziger Volkszeitung*, 15. November 1993; W. Birkenmaier, ‚Ins Feuer mit den Stasi-Akten?', in: *Stuttgarter Nachrichten*, 18. November 1993.

242 Vgl. „‚Mein eigener Bruder ...", sagt die Frau mit leerem Blick', in: *Stuttgarter Nachrichten*, 30. April 1994; ‚Schließung der Archive kein Thema', in: *Neue Zeit*, 5. Februar 1994.

243 M. Geis, ‚Nur eine halbe Erfolgsgeschichte', in: *Die Tageszeitung*, 3. Januar 1994.

244 S. Berg, ‚Das hirnlose Gerede von der Abgrenzung', in: *Deutsches Allgemeines Sonntagsblatt*, 15. April 1994.

mendem Maße auf die Notwendigkeit einer Integration und auf die mit der langanhaltenden Ausgrenzung belasteter Personen verbundene Gefahr verwiesen.

„Man muß beweisen, daß Demokratie besser ist", hatte Eugen Kogon zwei Jahre nach dem Ende des Krieges über die sich festfahrende Entnazifizierung geschrieben. Die Umstände waren anders und die Zahl der Fälle größer, aber Kogons Ausspruch gilt nun wieder. Ebenso gilt erneut, daß der demokratische Rechtsstaat nicht über die Mittel verfügt, um auf zufriedenstellende Weise mit einer totalitären Diktatur abzurechnen. Das zeigt sich nicht nur an der mühsamen „Entstasifizierung", sondern auch an der problematischen strafrechtlichen Verfolgung der durch das SED-Regime begangenen Verbrechen.

Rechtsprechung und Verjährung

„Der Rechtsstaat ist ein segensreicher Mechanismus zur Handhabung des gesellschaftlichen Gleichgewichts in einem liberalen und demokratischen System [...]. Aber über welche Mittel verfügt er im Fall politischen Makro-Unrechts außerhalb des eigenen Anwendungsgebietes?"[245] Dieses Zitat des Berliner Juristen Uwe Wesel enthält den Kern der Probleme des deutschen Rechtsstaates bei der strafrechtlichen Verfolgung von Verbrechen des SED-Regimes. An der innerdeutschen Grenze und der Berliner Mauer wurden insgesamt ungefähr achthundert Menschen getötet und mehr als dreihundert (schwer) verletzt. In Salzgitter sind seit 1961 ca. 43 000 Menschenrechtsverletzungen verzeichnet, vor allem Gewalttaten an der innerdeutschen Grenze. In politischen Prozessen wurden in der DDR schätzungsweise 150 000 bis 200 000 Urteile gefällt. Das frühere *Gesamtdeutsche Institut* beherbergte in Berlin 130 000 Akten u. a. über politische Verurteilungen, Mißhandlungen von Gefangenen, die Entziehung des Fürsorgerechts bei Kindern wegen „Republikflucht" verurteilter Eltern usw. Außerdem lagern im ehemaligen Militärarchiv in Potsdam noch Unterlagen über 100 000 Vorfälle an der innerdeutschen Grenze. Zweifellos bezieht sich ein Teil der Akten in den genannten Archiven auf dieselben Fälle. Christoph Schaefgen, als Generalstaatsanwalt in Berlin verantwortlich für die strafrechtliche Verfolgung der Regierungskriminalität in der DDR, meinte jedoch 1992, daß sicher mehrere zehntausend, wenn nicht sogar mehr als hunderttausend Vorfälle für eine juristische Untersuchung in Frage kämen.[246]

Auch wenn die Verletzung der Menschenrechte in der DDR eine andere Dimension als im Dritten Reich hatte, so kann man doch übereinstimmend in beiden Regimen von systemimmanenten Verbrechen und von einer „Kette" von Betroffenen sprechen, die

---

[245] U. Wesel, ‚Aristoteles, Markus Wolf und die Mauerschützen', in: *Manifest II*, 94–95.

[246] *Stenographisches Protokoll der 13. Sitzung der Enquete-Kommission „Aufarbeitung von Geschichte und Folgen der SED-Diktatur in Deutschland"*, 29. September 1992.

von der politischen Spitze über die Hierarchie des Beamtenapparates zur Ebene der Ausführenden reichte. „Wenn Erich Honecker nicht verurteilt wird, kann niemand verurteilt werden", schrieb Ralph Giordano im November 1992 zum Prozeß gegen den ehemaligen DDR-Chef, denn „er war der regierende Oberstalinist auf deutschem Boden".[247] Vom Rechtsgefühl her ist gegen eine solche Haltung nichts einzuwenden, aber es ist problematisch, daß sie sich in erster Linie auf politische Überlegungen gründet und den Rechtsstaat vor große Schwierigkeiten stellt. Nicht weniger groß sind die Probleme des Rechtsstaates bei der Antwort auf die Frage, ob Taten heute strafbar sein können, die unter dem DDR-Regime keine Vergehen waren oder sogar eine gesetzliche Basis hatten. Steht dies nicht im Widerspruch zu dem bereits in Zusammenhang mit den NS-Verbrechen erwähnten juristischen Grundsatz des *nulla poena sine lege*, festgeschrieben in Artikel 103, Absatz 2 des Grundgesetzes?

Insbesondere auf der rechten Seite des politischen Spektrums der alten Bundesrepublik waren manche der Meinung, daß bei der Verfolgung der DDR-Spitze das *nulla poena sine lege*-Prinzip ignoriert werden müßte, wie es die Alliierten in Nürnberg getan hatten.[248] Glücklicherweise haben solche Vorschläge keinen Eingang in den deutschdeutschen Einigungsvertrag gefunden. Nachdem sich die Bundesrepublik bei der Verfolgung der NS-Verbrecher stets einem Sonderrecht widersetzt und sich über Jahrzehnte an das Rückwirkungsverbot gehalten hat, wäre es zumindest merkwürdig gewesen, wenn man sich bei der DDR-Spitze darüber hinweggesetzt hätte. Im Einigungsvertrag wurde, kurz gesagt, festgelegt, daß eine Verfolgung nur dann stattfinden kann, wenn nach DDR-Recht ein Verbrechen vorliegt. Des weiteren muß eine Handlung nach dem seit dem 3. Oktober 1990 für ganz Deutschland geltenden Strafgesetzbuch strafbar sein. Diese Regelung erscheint klar und unzweideutig, aber ihre Anwendung hat juristische Haken und Ösen. Kann ein ostdeutscher Grenzsoldat für die Erschießung eines Flüchtlings verfolgt werden, obwohl er in der DDR dafür belohnt statt bestraft wurde? Ja, meinte ein Gericht in Berlin und verurteilte im Januar 1992 einen Grenzsoldaten zu dreieinhalb Jahren Gefängnis ohne Bewährung und einen anderen zu zwei Jahren auf Bewährung. Unter Anwendung der im Zusammenhang mit der Verfolgung von NS-Verbrechen bereits genannten „Formel" Gustav Radbruchs – Gesetze gelten nicht, wenn sie in erheblichem Maße im Widerspruch zur Gerechtigkeit stehen – erklärte das Gericht das ostdeutsche Grenzgesetz von 1982 für nichtig. Richter Theodor Seidel begründete das Urteil mit dem Hinweis, daß er zwar keinen Vergleich zur NS-Zeit ziehen wolle, aber daß seit diesen Jahren doch deutlich sei, „daß es einen Kernbereich des Rechts gibt, den [...] kein Gesetz antasten darf".[249] Der Bundesgerichtshof schloß sich

---

[247] ‚Wider falsche Barmherzigkeit im Fall Erich Honecker', in: *Die Tageszeitung*, 23. November 1992.

[248] Vgl. als Beispiel für ein solches Plädoyer: Hoffmann, *Stunden*, 247.

[249] Zitiert bei R. Frenkel, ‚Tötung im Interesse der Obrigkeit', in: *Die Zeit*, 24. Januar 1992.

dem im wesentlichen an, aber viele Juristen – Uwe Wesel spricht von etwa der Hälfte derjenigen, die sich mit dieser Problematik befassen[250] – sind weiterhin der Meinung, daß die Verurteilung von Grenzsoldaten im Widerspruch zum Grundgesetz steht. Manche gehen sogar noch weiter. „Rückwirkung", so der Bonner Staatsrechtler Josef Isensee 1991, „liegt auch im Zurechtschneiden des alten Strafrechts nach neuen Wertungen".[251] Wenn dem so ist, stehen dann nicht auch viele der Anschuldigungen gegen ostdeutsche Richter und Staatsanwälte, die wegen Rechtsbeugung zur Verantwortung gezogen werden, in Konflikt mit dem Grundgesetz? Konnte ein DDR-Richter zu neun Monaten Gefängnis auf Bewährung verurteilt werden – wie es 1993 in Schwerin geschah –, da er einem *westdeutschen* Richter zufolge das ostdeutsche Recht nicht richtig angewandt und einen Demonstranten gegen das Regime zu anderthalb Jahren Gefängnis ohne Bewährung verurteilt hatte? Darf andererseits ein DDR-Richter straffrei ausgehen, der einen fünfzehnjährigen Jungen wegen eines regimekritischen Witzes zu zwei Jahren Haft verurteilte und damit das DDR-Recht strenger anwandte, als es gemeint war?[252] Wie die Debatte über die Anwendung des Rückwirkungsverbots in den unterschiedlich gelagerten Fällen auch enden wird[253] und zu wie vielen Verurteilungen es auch kommen wird, so ist auf jeden Fall klar, daß der Rechtsstaat nicht über die Mittel zur angemessenen Verfolgung von vierzig Jahren DDR-Unrecht verfügt. Anders ausgedrückt: Der Rechtsstaat kann die friedliche Revolution nur in begrenztem Maße vollenden, weil politische und gesellschaftliche Verantwortung unter der DDR-Diktatur nicht justitiabel ist und auch die Verurteilung wegen krimineller Schuld in vielen Fällen Probleme aufwirft. In Westdeutschland setzte sich diese Erkenntis, auch durch die Erfahrung mit den Grenzen des Rechtsstaates bei der mühsamen strafrechtlichen Verfolgung der NS-Verbrechen, schnell durch. Im Osten verbreitete sie sich seit 1990 durch die Praxis der Rechtsprechung. Harry Tisch, als ehemaliger Vorsitzender des FDGB einer der führenden Funktionäre, konnte nur verurteilt werden, weil er Urlaubsreisen und Kuraufenthalte von Erich Mielke und anderen aus der Kasse des Gewerkschaftsbundes bezahlt hatte. Tisch erhielt ein Bußgeld und anderthalb Jahre Gefängnis, aber wurde nach Anrechnung der Untersuchungshaft sofort freigelassen. „Lächerlich und peinlich", reagierte Joachim Gauck. „Bitter und demütigend für viele Ostdeutsche", lautete der Kommentar der

---

[250] U. Wesel, *Ein Staat vor Gericht. Der Honecker-Prozeß*, Frankfurt am Main 1994, 42.

[251] Zitiert bei Wesel, *Mauerschützen*, 93; vgl. auch J. Isensee, ‚Nachwort. Der deutsche Rechtsstaat vor seinem unrechtsstaatlichen Erbe', in: U. Battis u. a., *Vergangenheitsbewältigung durch Recht. Drei Abhandlungen zu einem deutschen Problem*, Berlin 1992, 91–111.

[252] Wesel, *Mauerschützen*, 95–96.

[253] Vgl. zur Diskussion über das „Rückwirkungsverbot" auch K. Lüderssen, *Der Staat geht unter – das Unrecht bleibt. Regierungskriminalität in der ehemaligen DDR*, Frankfurt am Main 1992; vgl. auch *Stenographisches Protokoll der 13. Sitzung der Enquete-Kommission „Aufarbeitung ...“*, 29. September 1992.

Tageszeitung *Volksstimme Magdeburg*, und die Frage stellte sich: „Ist mit dem Urteil ein Exempel für die Mielkes, die Honeckers, die Stophs, die Keßlers und all die anderen statuiert worden?"[254] Kurze Zeit später standen die ersten Grenzsoldaten vor Gericht, aber ihre Auftraggeber blieben vorläufig unbehelligt. Drohten wie nach 1945 erneut Zufall und Willkür? Würde man erneut vor allem gegen die Ausführenden vorgehen, während die Mehrzahl der verantwortlichen Auftraggeber aus der Schußlinie bleiben würde? Die Hilflosigkeit der Justiz wurde offensichtlich im Prozeß gegen Erich Mielke, der Anfang 1992 begann. Die Überprüfung und Entlassung ehemaliger Stasi-Mitarbeiter war bereits in vollem Gang, aber der oberste Chef der *Firma* mußte sich für den Mord an zwei Polizisten im Jahre 1931 verantworten.[255] War es verwunderlich, daß Bärbel Bohley aufgrund des mühsamen Beginns der strafrechtlichen Verfolgung bemerkte: „Wir haben Gerechtigkeit erwartet und haben den Rechtsstaat bekommen"? Wie im folgenden noch dargelegt wird, ist der Motor der Justiz inzwischen auf Touren gekommen, und es steht eine Lawine von Prozessen an, aber das Rechtsgefühl von Bärbel Bohley werden sie nicht befriedigen können. „Es ist wenig wahrscheinlich", stellte die *Frankfurter Allgemeine Zeitung* Anfang 1992 zu Recht fest, „daß am Ende Urteile stehen werden, die nicht nur Rechtens sind, sondern auch den Sinn für historisch-politische Gerechtigkeit befriedigen."[256]

Dieses Bewußtsein war 1992 auch in der öffentlichen Meinung weit verbreitet. Im Dezember dieses Jahres glaubten 59 % der Ostdeutschen und 47 % der Westdeutschen, daß die Justiz die Verbrechen des DDR-Regimes „nicht angemessen" aburteilen könne. Anderthalb Jahre früher, im Sommer 1991, waren nur 43 % der Ost- und 31 % der Westdeutschen dieser Meinung gewesen.[257] In dieses Bild paßt auch die im Dezember 1991 verbreitete Skepsis über das Ergebnis eines eventuellen Prozesses gegen Erich Honecker, der zu dieser Zeit Zuflucht in der chilenischen Botschaft in Moskau gesucht hatte. „Angenommen, Honecker würde ausgeliefert und es käme zu einem Prozeß gegen ihn", lautete die Frage in einer Umfrage, „was erwarten Sie von dem richterlichen Urteil?" 49 % der Befragten erwarteten, daß es „eher zu milde" ausfallen würde, 38 %

---

[254] Zitiert bei J. Hénard, *Geschichte vor Gericht. Die Ratlosigkeit der Justiz*, Berlin 1993, 16; vgl. zu Gaucks Reaktion: ebenda, 20.

[255] Zwar sollte sich Mielke Ende 1992 mit Honecker und anderen für die tödlichen Schüsse auf Flüchtlinge an der innerdeutschen Grenze noch verantworten, aber damals hatte sich sein Gesundheitszustand so sehr verschlechtert, daß dieser zweite Prozeß gegen ihn vorläufig beendet wurde. Ende Oktober 1993 wurde Mielke für den Mord an den zwei Polizisten im Jahre 1931 zu sechs Jahren Gefängnis verurteilt. Der Ende 1992 vorläufig eingestellte Prozeß wurde im September 1994 wieder aufgenommen, zwei Monate später jedoch wegen Mielkes Gesundheitszustand frühzeitig und definitiv beendet.

[256] ‚Jetzt Stolpe', in: *Frankfurter Allgemeine Zeitung*, 20. Januar 1992.

[257] Infas-Meinungsumfrage, veröffentlicht in der ARD-Sendung ‚Brennpunkt', 13. Januar 1993.

glaubten an ein „angemessenes“ und 5 % an ein „zu hartes“ Urteil.[258] Am Vorabend des Prozesses gegen Honecker im November 1992 – die Auslieferung war Ende Juli dieses Jahres erfolgt – meinten nur noch 16 % der Ost- und 35 % der Westdeutschen, daß ein Prozeß gegen Honecker zu einem „angemessenen“ Ergebnis führen würde.[259] Dennoch befürwortete eine große Mehrheit der Bevölkerung die strafrechtliche Verfolgung des ehemaligen DDR-Chefs: 79 % im Osten und 87 % im Westen Deutschlands.[260] Im Rechtsgefühl der übergroßen Mehrheit dominierte das Verlangen nach diesem Prozeß – und sei es nur als Gegengewicht zu dem Gedanken des „die Kleinen hängt man und die Großen läßt man laufen“ – aber innerlich bereitete man sich auf einen enttäuschenden Ausgang vor.

Honecker und fünf andere Mitglieder des ehemaligen *Nationalen Verteidigungsrates* mußten sich gemeinsam für 68 Fälle von Totschlag und versuchtem Totschlag an der innerdeutschen Grenze vor dem Richter verantworten.[261] Das Dilemma war, daß es kein politischer Prozeß sein durfte, daß aber zugleich der politische Hintergrund nicht weg zu denken war. Chefredakteur Hermann Rudolph vom *Tagesspiegel* formulierte es so: „daß er [dieser Prozeß, FW] ein Strafverfahren wie jedes andere sein muß, geführt nach den Regeln des Strafprozeßrechts, und daß er es doch nicht sein kann, weil er einen historischen Schatten mit wahrhaft monströsem Umriß wirft“.[262] Es war nicht nur das Dilemma, sondern auch das Paradox des Honecker-Prozesses, denn seine politische Bedeutung würde umso größer sein, je geringer die Rolle des politischen Hintergrunds sein würde. Dann würde der deutsche Rechtsstaat schließlich zeigen, wie sehr er einen Grundsatz der liberalen Demokratie verwirklicht: die Gewaltentrennung und damit politische Unabhängigkeit der Justiz. Zutreffend bemerkte die Schweizer *Neue Zürcher Zeitung*, daß der Prozeß nicht nur beweisen mußte, daß der Aufbau der neuen Länder „eine unbeirrbare, unbestechliche, allein nach dem Buchstaben des Gesetzes und unabhängig von politischer Opportunität handelnde Justiz nötig macht“, sondern „daß er

---

[258] ‚Zufriedenheit mit der Koalition', in: *Süddeutsche Zeitung*, 14. Dezember 1991; vgl. ‚Kaum Rückhalt für den öffentlichen Dienst', in: *Süddeutsche Zeitung*, 22. Februar 1992.

[259] ‚Mehrheit der Deutschen für Honecker-Prozeß', in: *Süddeutsche Zeitung*, 13. November 1992.

[260] ‚Stolpe: Brandenburg kann für Sicherheit Honeckers sorgen', in: *Der Tagesspiegel*, 8. August 1992.

[261] Vgl. zu der Anklage und deren ständiger Reduzierung auf immer weniger Fälle ausführlich: Wesel, *Staat*, 27 ff.

[262] H. Rudolph, ‚Nach der Geschichte nun die Richter', in: *Der Tagesspiegel*, 31. Juli 1992; vgl. zu der Frage, ob der Prozeß gegen Honecker ein politischer Prozeß war oder nicht, u. a. auch: H. Senfft, ‚Trübe Aussichten', in: *Wochenpost*, 6. August 1992; Chr. Dieckmann, ‚Don Quichotte und die Windmüller', in: *Die Zeit*, 7. August 1992; H. Meier, ‚Politische Justiz im Rechtsstaat', in: *Die Tageszeitung*, 14. August 1992; H.-W. Neubacher, ‚Wettlauf', in: *Berliner Zeitung*, 4. September 1992.

diese [...] auch zur Verfügung hat und sich auf sie verlassen kann".[263] Machte der Rechtsstaat dies wahr in einem Prozeß, der im Vorfeld als einer der spektakulärsten seit 1945 beschrieben wurde?[264] Das Ergebnis wies am Ende in diese Richtung, aber der Prozeß selbst war eine Aneinanderreihung von Peinlichkeiten. Der Vorsitzende Richter Hansgeorg Bräutigam wurde von seinen Richterkollegen wegen Parteilichkeit ausgeschlossen, nachdem er mit einem Anwalt Honeckers Kontakt gesucht und ihm nicht – wie er zunächst auf eine Nachfrage gesagt hatte – eine „normale Postsache" übergeben hatte, sondern zu persönlichen Zwecken einen Stadtplan von Berlin mit der Bitte um ein Autogramm seines Mandanten. Während des Prozesses wurde über die Anklage kaum gesprochen, sondern vor allem über Honeckers Gesundheitszustand, der zu einer öffentlichen Angelegenheit wurde. Im Mittelpunkt standen vor allem Fragen wie die Größe von Honeckers Krebsgeschwulst, deren Abstand zur Leberöffnung (anderthalb, zwei oder drei Zentimeter?) und wie viele Monate Honecker noch zu leben habe (zwei, drei, vier?). Nicht nur der Vorsitzende Richter und die Verteidigung machten den Prozeß zu einem unwürdigen Schauspiel, sondern auch Rechtsanwalt Hanns-Ekkehard Plöger als Vertreter der Nebenklage trug durch Boulevardblattsprüche wie: „Jeder Tag, den Herr Honecker in Haft ist, ist ein Gewinn für den Rechtsstaat" dazu bei.[265] Über diese und andere Peinlichkeiten des Prozesses sollte Jens Reich später äußern: „Ich hätte nie gedacht, zu welchen Gags der Rechtsstaat fähig ist."[266]

Am 12. Januar 1993 machte der Berliner Verfassungsgerichtshof mit der Entscheidung, daß das Gericht Honeckers Recht auf eine menschenwürdige Behandlung verletzt habe, indem es ihn trotz seines schlechten Gesundheitszustands in Haft gehalten und das Verfahren fortgesetzt habe, diesem problematischen Rechtsablauf ein Ende. Einen Tag später wurde Honecker freigelassen und flog zu seiner Frau und seiner Tochter nach Chile. Die „Gags" des Rechtsstaates waren aber noch nicht beendet: Die Behörden stellten für Honeckers letzte Fahrt auf deutschem Boden den Berliner Dienstwagen des Bundespräsidenten zur Verfügung.[267] Außerdem überschritt die Berliner Justizsenatorin Jutta Limbach ihre verfassungsmäßigen Kompetenzen, indem sie hinter den Kulissen die Berliner Gerichtspräsidenten zu Kritik an dem Urteil des Verfassungsgerichtshofs ermunterte. Im Prinzip war übrigens die Kritik an dem Verfassungsgerichtshof, er habe seine Befugnisse überschritten, nicht völlig unberechtigt. Die Debatte darüber hatte für

---

[263] ‚Schwere Aufgabe für die Justiz in Berlin', in: *Neue Zürcher Zeitung*, 1. August 1992.

[264] Vgl. H. Rudolph, ‚Ein Prozeß wie kein anderer', in: *Der Tagesspiegel*, 12. November 1992.

[265] Zitiert bei Hénard, *Geschichte*, 78; vgl. zu einer Übersicht über den Prozeß: ebenda, 63–80; Wesel, *Staat*, 50 ff.

[266] J. Reich, ‚Fahre dahin, Honi!', in: *Die Zeit*, 22. Januar 1993.

[267] Vgl. Hénard, *Geschichte*, 74–75.

den Prozeß gegen Honecker aber keine praktische Bedeutung mehr, denn der Angeklagte befand sich inzwischen bei seiner Familie in Südamerika.[268]

„Honecker geht, Deutschland lebt auf", lautete die Schlagzeile der *Bild*-Zeitung nach seiner Freilassung.[269] Das Boulevardblatt traf aber daneben. Natürlich herrschte Erleichterung darüber, daß die Komödie des Prozesses vorüber war, aber gemischte Gefühle dominierten. Darauf, daß der Rechtsstaat für einen Prozeß gegen den früheren DDR-Führer über beschränkte Möglichkeiten verfügt, war man vorbereitet gewesen, aber daß der Prozeß so verlaufen und so enden würde, bevor er richtig in Gang gekommen war, hatten selbst die größten Skeptiker nicht vorausgesehen. Trotz dieses Unbehagens überwog die Zustimmung zu der Entscheidung des Verfassungsgerichtshofs. Die *Berliner Zeitung*, die meist gelesene Tageszeitung im Ostteil Berlins, lobte das Gericht für seine humane Entscheidung und war damit bei allem bitteren Nachgeschmack repräsentativ für die Pressekommentare.[270] „Wer immer gemutmaßt hat, die Person Honeckers solle zur politischen Abrechnung mit einem System herhalten, der muß nun kleinlaut zugeben, sich geirrt zu haben. Politische Prozesse pflegen in der Regel nicht eine solch humane Wendung zu nehmen", kommentierte die *Neue Zeit*. Dieser Ausgang zeige, daß „jene Lehrstunde in Demokratie und Rechtsstaatlichkeit, die man sich hauptsächlich von diesem Prozeß erhoffen konnte – sie wurde [...] mehr als nachdrücklich erteilt".[271] Bis zum 12. Januar, so muß man hinzufügen, hatte es aber nicht danach ausgesehen.

Der Prozeß gegen die drei übriggebliebenen Angeklagten Keßler, Streletz und Albrecht wurde nach Honeckers Freilassung fortgesetzt und verlief so, wie er von Beginn an hätte verlaufen sollen. Nach einem „rechtsstaatlichen, über jeden Zweifel an seiner Korrektheit erhabenen Verfahren" wurden Keßler und Streletz im September 1993 wegen Anstiftung zum Totschlag zu 7½ bzw. 5½ Jahren Gefängnis verurteilt. Albrecht erhielt 4½ Jahre wegen Mittäterschaft. Im Sommer 1994 bestätigte der Bundesgerichtshof diese Urteile und ging sogar noch einen Schritt weiter: Das Gericht stufte sie als *Täter* und nicht als Anstifter oder Gehilfen ein. Daß dies zu einer geringfügigen Erhöhung des Strafmaßes für Albrecht führte, war nicht das wichtigste. Die Bedeutung dieses Urteils lag darin, daß Schreibtischtäter nicht nur als Täter angesehen werden können, sondern es juristisch auch *sind*. Ein dem Rechtsgefühl nach sicher korrektes Urteil,

---

[268] Vgl. ‚Ein Honecker-Komplott der Juristen', in: *Süddeutsche Zeitung*, 21. Januar 1993; Wesel, *Staat*, 108–113.

[269] ‚Der Abflug. Honecker geht, Deutschland lebt auf', in: *Bild-Zeitung*, 14. Januar 1993.

[270] Vgl. als Übersicht zu den Kommentaren in der ostdeutschen Presse: ‚Holt doch gleich den roten Teppich, höhnen die Berliner', in: *Frankfurter Allgemeine Zeitung*, 14. Januar 1993; vgl. weiter: H. Rudolph, ‚Honecker geht – die Vergangenheit bleibt', in: *Der Tagesspiegel*, 14. Januar 1993; R. Frenkel, ‚Auf freiem Fuß', in: *Die Zeit*, 15. Januar 1993.

[271] M. Zimmermann, ‚Der kurze Prozeß', in: *Neue Zeit*, 14. Januar 1993.

allerdings ist auffallend, daß die Nachkriegsjustiz bei der Aburteilung von Schreibtischtätern des Dritten Reiches nie so weit gehen wollte. Sie wurden schließlich, wie im vorangegangenen Kapitel deutlich geworden ist, stets nur als Gehilfen zur Verantwortung gezogen.[272]

Viel Aufsehen erregte 1992/93 auch der Prozeß gegen Wolfgang Berghofer, den ehemaligen Oberbürgermeister von Dresden, und Hans Modrow, die beide wegen Wahlfälschung bei den Kommunalwahlen im Mai 1989 vor Gericht standen. Auch hier befand sich der Rechtsstaat in einem Dilemma. Die Manipulation von Wahlergebnissen war in der DDR zwar strafbar gewesen, aber konnte man in einem Staat, in dem nie freie Wahlen stattgefunden hatten und die Ergebnisse stets manipuliert wurden, von Betrug sprechen? Es war zweifellos grotesk, wie im Vorfeld der Wahlen vom Frühjahr 1989 zwischen Berlin und Dresden über das Endergebnis „verhandelt" wurde und man sich schließlich auf eine Wahlbeteiligung von 97,8 % und 2,5 % Gegenstimmen zur Einheitsliste einigte. Aber wenn man hiermit begann, wie viele solcher Prozesse müßten dann geführt werden? Warum wurden Modrow und Berghofer angeklagt und nicht der für die Wahlen verantwortliche Vorsitzende der zentralen Wahlkommission Egon Krenz, der nur als Zeuge erschien? Andererseits war die seitens der Bürgerbewegung eingebrachte Klage allzu verständlich. Sie hatte von dem Recht Gebrauch gemacht, bei der Auszählung der Stimmen anwesend zu sein, und den Mut gehabt, den Wahlbetrug schon in einem frühen Stadium anzuprangern. Das Gericht hielt Maß: Berghofer wurde zu einem Jahr Gefängnis auf Bewährung und einem Bußgeld verurteilt, Modrow erhielt im Mai 1993 eine Geldstrafe, die auf Bewährung ausgesetzt wurde, und mußte als Bewährungsauflage 20 000 Mark zahlen.

In der mühsamen Anfangsphase der strafrechtlichen Verfolgung lautete die Frage, ob der Rechtsstaat genügend Abstand zu einer „politischen Siegerjustiz" halten würde. Die Praxis hat bis jetzt gezeigt, daß diese Frage bejaht werden muß. Zu vermuten ist darüber hinaus, daß viele der Prozesse, die in Zukunft noch zu führen sein werden, ähnlich wie das Verfahren gegen Berghofer und Modrow enden werden, nämlich mit leichten und vielleicht, wie bei Modrow, in zunehmendem Maße symbolischen Strafen.[273]

Auf vielfältige Art und Weise wird der Rechtsstaat jedoch noch mit den beschriebenen Problemen konfrontiert werden, was sich z. B. auch im Prozeß gegen den früheren Spionage-Chef Markus Wolf deutlich zeigte.[274] Auch die Kritik an angeblicher Willkür

---

[272] H. Prantl, ‚Warum erst jetzt?', in: *Süddeutsche Zeitung*, 28. Juli 1994.

[273] Obwohl der Bundesgerichtshof Anfang November 1994 das Urteil gegen Modrow aufhob und den Fall an das Gericht zurückverwies, da es das Strafmaß als zu gering erachtete, bleibt diese Vermutung gerechtfertigt.

[274] Wolf wurde 1994 wegen Landesverrat zu einer Haftstrafe von sechs Jahren verurteilt. Sowohl das Urteil als auch der Prozeß waren umstritten. Kritiker fragten sich zu Recht, ob Wolf als ehemaliger Chef der „Hauptabteilung Aufklärung" der Stasi wegen Landesverrat an der *Bundesrepublik* verurteilt werden konnte.

und Zufälligkeiten wird noch häufig erklingen, und ebenso wie nach 1945 wird es unmöglich sein, die vielen Verbrechen angemessen zu verfolgen. Im Gegensatz zu den Jahren nach 1945 sind Polizei und Justiz aber relativ schnell nach der „Stunde Null" aktiv geworden. Die Berliner Arbeitsgruppe *Regierungskriminalität* versucht, mit ihren 67 Mitarbeitern systematisch die Verwicklung hoher SED-Funktionäre in Verbrechen an der innerdeutschen Grenze aufzudecken. Noch einmal etwa sechzig Beamte arbeiten in den fünf neuen Ländern daran. Auch die bei der Berliner Polizei untergebrachte *Zentrale Ermittlungsstelle für Regierungs- und Vereinigungskriminalität* untersucht Verbrechen wie Mord, Totschlag, Entführung, Mißhandlung und Rechtsbeugung. Beide Einrichtungen sind übrigens nur teilweise mit der *Zentralstelle* in Ludwigsburg zu vergleichen, die, wie oben bereits erwähnt, seit 1958 NS-Verbrechen erforscht. Im Gegensatz zu „Ludwigsburg" handelt es sich bei den heutigen Ermittlungsstellen um regionale Einrichtungen, wobei Berlin angesichts des zentralistischen Charakters der DDR selbstverständlich eine sehr wichtige Rolle spielt. Darüber hinaus konzentrieren sich die heutigen Stellen in hohem Maße auf die verantwortlichen Funktionäre.[275]

Zu den bereits eingeleiteten mehreren tausend Ermittlungsverfahren werden in den kommenden Jahren noch etliche tausend hinzukommen. Erneut hat Deutschland mit der strafrechtlichen Verfolgung von Verbrechen begonnen, die unter einem totalitären Regime begangen wurden. „Es wird mehr werden als nach 1945", sagte der Chef der Berliner *Ermittlungsstelle* Manfred Kittlaus im Oktober 1993.[276] Holen Polizei und Justiz auf, was in den fünfziger Jahren hinsichtlich der NS-Verbrechen unterlassen wurde und auch nach 1958 nur in begrenztem Ausmaß gelungen ist? Hat sich die alte Bundesrepublik nun auf den früheren Antipoden DDR gestürzt? Kann man mit dem Amsterdamer Rechtssoziologen Erhard Blankenburg von der Anwendung von „Kolonialrecht" sprechen?[277] Gelten für die SED-Verbrechen strengere Maßstäbe als für die NS-Verbrechen? Und wenn dem so ist, kann man darin eine Bestätigung des stereotypen Bildes sehen, daß die Bundesrepublik „auf dem linken Auge sehr scharf sieht und auf dem rechten Auge größtenteils blind ist"? Zu einer bejahenden Antwort auf diese Fragen besteht kein Anlaß. Die Bereitschaft zur strafrechtlichen Verfolgung ist zweifellos größer als nach 1945, aber von einer antikommunistischen Hexenjagd kann keine Rede sein. Im Gegenteil, es findet eine differenzierte Debatte über die Anwendung des Rückwirkungsverbotes statt, die bis jetzt verkündeten Urteile sind maßvoll, und seit 1993 erheben sich zunehmend kritische Fragen über den Sinn zehntausender Prozesse,

---

[275] J. Nawrocki, ‚Für Gnade ist es noch zu früh', in: *Die Zeit*, 6. August 1993.

[276] In einem Gespräch mit dem Autor am 1. Oktober 1993.

[277] E. Blankenburg, ‚Wij wilden gerechtigheid, maar kregen de rechtsstaat', in: *De Gids* 156 (1993) Nr.9, 772.

von denen der weitaus größte Teil ohne Strafe enden wird.[278] Nicht „Siegerjustiz", sondern „Augenmaß" und „Sensibilität" sind die richtigen Charakterisierungen für die sicherlich problematische, aber durchgehend differenzierte juristische Aufarbeitung der DDR-Vergangenheit. „‚Sieger' würden ganz anders auftrumpfen", lautete zutreffend der Rückblick auf die strafrechtliche Verfolgung bis zum April 1994 in der *Berliner Zeitung*.[279]

Von „Kolonialrecht" kann außerdem deshalb nicht gesprochen werden, weil in der Diskussion über die strafrechtliche Verfolgung die Stimme der Ostdeutschen nicht ausgeklammert wird. Es sind zwar westdeutsche Juristen, die in der Praxis der Verfolgung den Ton angeben, aber auf der politischen Ebene ist das nicht immer so. Das zeigte sich z. B. in der über die Verbrechen unter dem SED-Regime geführten ersten Verjährungsdebatte. Am 3. Oktober 1993 wären Verbrechen verjährt, die mit einer Höchststrafe von einem Jahr Gefängnis bestraft werden (u. a. Hausfriedensbruch, Verletzung des Post- und Fernmeldegeheimnisses, Bedrohung). Wenn es nach den westdeutschen Bundestagsabgeordneten gegangen wäre, wäre es dabei geblieben, und nur unter dem Druck der ostdeutschen Parlamentarier wurde diese Frist im September 1993 bis Ende 1995 verlängert. Auch bekannte ehemalige DDR-Bürger wie Bärbel Bohley, Wolf Biermann und Jürgen Fuchs hatten zur Verlängerung der Verjährungsfrist aufgerufen. Ebenso wie in der Stasi-Debatte waren aber in diesem Zusammenhang von ehemaligen Regime-Kritikern auch andere Töne zu hören. Richard Schröder und Friedrich Schorlemmer z. B. waren ausgesprochene Befürworter einer Verjährung. „Vor lauter Vergangenheitsbewältigungswillen haben wir das Augenmaß verloren für einen differenzierten Umgang mit Schuld und Versagen", kritisierte Schröder. „Wir wollen uns auf die Kleinen stürzen, die die Briefe geöffnet und die Tonbänder angeschaltet haben, während wir viele Große offensichtlich laufen lassen müssen, weil der korrekte Schuldnachweis nicht gelingt".[280]

Den Plädoyers von Schröder und Schorlemmer folgten im Dezember 1993 wichtige Urteile des Bundesgerichtshofs, durch die der politische Sieg der ostdeutschen Bundestagsabgeordneten in der Verjährungsdebatte faktisch zunichte gemacht wurde. Das Gericht sprach einen ehemaligen Stasi-Offizier frei, der zwischen 1987 und 1989 über 1200 Telefongespräche abgehört hatte. Auch hob es ein noch nicht rechtskräftiges Urteil auf, in dem zwei Stasi-Offiziere aus Magdeburg wegen Beihilfe zur Unterschlagung verurteilt worden waren. Sie hatten 350 000 DM aus Briefen aus dem Westen an

---

278 Vgl. zu einer solchen Kritik Hénard, *Geschichte*, 89 ff.; Wesel, *Mauerschützen*, 90 ff.

279 P. Pragal, ‚Zwischen den Stühlen', in: *Berliner Zeitung*, 20. April 1994; vgl. B. von Weizsäcker, ‚Sie rächt sich nicht und versagt auch nicht', in: *Der Tagesspiegel*, 16. Juni 1994.

280 R. Schröder, ‚Menschen können das Jüngste Gericht nicht vorwegnehmen', in: *Der Tagesspiegel*, 15. September 1993; vgl. F. Schorlemmers Artikel ‚Recht statt Rache', ebenda, 16. September 1993.

DDR-Bürger entfernt und dieses Geld dem Staatshaushalt zugeführt. Da sowohl das Abhören von Telefongesprächen als auch der Diebstahl von Geld aus Postsachen nicht strafbar gewesen und sogar im Auftrag des Staates erfolgt waren, konnten sie, so der BGH, nicht verurteilt werden. Auf derselben Linie lag einige Wochen später ein Grundsatzurteil aus Karlsruhe über die Rechtsprechung zur Rechtsbeugung der DDR-Justiz, in dem festgelegt wurde, daß nur „Einzelexzesse“ und „Willkürakte“, die eine „offensichtliche Verletzung der Menschenrechte“ darstellten, verfolgt werden konnten. Infolge dieser für die Rechtsprechung bindenden Urteile können seitdem viele Prozesse gegen frühere Stasi-Offiziere und Richter nicht mehr geführt werden. Das war zweifellos ein schwerer Schlag für viele Opfer des SED-Regimes, die sich erneut durch den Rechtsstaat im Stich gelassen fühlten.[281] So verständlich diese Enttäuschung auch war, bedeutete die Ende 1993 eingeleitete juristische Wende immerhin, daß die vollkommen überforderte Justiz, die zehntausende von Prozessen auf sich hatte zukommen sehen, sich nun verstärkt auf schwerere Verbrechen konzentrieren konnte. Und das war bei aller Bitterkeit eine positive Folge der umstrittenen Urteile des Bundesgerichtshofs und des Bundesverfassungsgerichts.

Die Mühlen der Justiz sind in Gang gekommen, und für Gnade mag es noch zu früh sein, aber das Unbehagen wächst, und man darf erwarten, daß es in dem Maße zunehmen wird, wie sich der Abstand zu 1989/90 vergrößert. Auch bei der strafrechtlichen Verfolgung treten allmählich, ebenso wie in der Stasi-Debatte, „Ermüdungserscheinungen“ auf. Das öffentliche Interesse nimmt ab, und die Zahl derjenigen, die für eine künftige (Teil)Amnestie plädieren, nimmt zu. Angesichts einer Bugwelle von mehreren tausend Prozessen kann ein Fazit über die strafrechtliche Verfolgung von Verbrechen aus der Zeit der DDR selbstverständlich noch nicht gezogen werden. Aber auch wenn Kittlaus mit seiner Prophezeiung Recht behält, daß „es mehr als nach 1945 werden wird“, wird sich der Rechtsstaat in seiner Abrechnung mit einem totalitären Regime erneut in hohem Maße als hilflos erweisen. Blickt man vor dem Hintergrund der jüngsten Erfahrungen auf die Verfolgung der NS-Verbrechen zurück, dann erscheint die früher formulierte Kritik daran in teilweise milderem Licht. Denn selbst wenn von Anfang an die Bereitschaft zur strafrechtlichen Verfolgung vorhanden ist und versucht wird, so systematisch wie möglich zu Werke zu gehen – wie nun im vereinigten Deutschland –, ist die praktische Umsetzung nicht mehr als ein Versuch, der nur in begrenztem Maße gelingen kann.

---

[281] Vgl. u. a. R. Wassermann, ‚Wenn Diebstahl plötzlich für legal erklärt wird‘, in: *Die Welt*, 5. Januar 1994; ders., ‚Freispruch für Posträuber‘, in: *Die Welt*, 19. Februar 1994; W. Herbrand, ‚Schreiende Ungerechtigkeit‘, in: *Leipziger Volkszeitung*, 18. Februar 1994.

sind gerade deswegen verbittert, weil sie sich zu Unrecht bestraft fühlen, wieder andere fürchten die Folgen eines vergifteten gesellschaftlichen Klimas und rufen zur Versöhnung und Integration auf. Meinungsumfragen bestätigen überdies die erwähnten „Ermüdungserscheinungen" in der Debatte über die DDR-Vergangenheit. Der Ruf nach einem Schlußstrich hat zugenommen, und andere Sorgen dominieren inzwischen: Arbeitslosigkeit, steigende Preise, soziale Unsicherheit. Im Herbst 1990 hatten sich 23 % der Ostdeutschen für einen Schlußstrich unter die Vergangenheit ausgesprochen, im Sommer 1991 waren es 38 %, Ende 1992 49 % und im Sommer 1993 51 %. Der Prozentsatz der Gegner war in diesen drei Jahren von 73 auf 49 % gesunken.[294] Nach einer anderen Umfrage hatten sich im Frühjahr 1992 sogar 61 % für einen Schlußstrich ausgesprochen.[295] Aus dieser Entwicklung darf man schlußfolgern, daß die Debatte über die DDR-Vergangenheit ihren (ersten) emotionalen Höhepunkt inzwischen hinter sich hat. Auffällig ist, daß sich ein vergleichbares Phänomen der verstärkten Konzentration auf Gegenwart und Zukunft und des wachsenden Bedürfnisses, die Seite im Buch der Geschichte umzublättern, auch 1948/49 abzeichnete. Natürlich waren damals die Umstände völlig anders, und eine besonders intensive Debatte über die Vergangenheit hatte noch nicht stattgefunden, aber die Entnazifizierung und die erste Welle der Prozesse gingen zu Ende, und auch die Artikel über die Schuldfrage verschwanden aus der Presse. Nicht anders war es in den Niederlanden, wo, unter wieder anderen Umständen um 1948, eine vergleichbare Wende stattfand, bei der die Gegenwart die Vergangenheit in den Hintergrund drängte.[296] Sicher ist die nähere Erforschung solcher Umschläge im politisch-gesellschaftlichen Klima notwendig, aber bei allen Unterschieden zwischen den genannten Jahren und Ländern sind diese Übereinstimmungen zu auffällig, um nicht mit der nötigen Vorsicht die These zu erlauben, daß drei bis vier Jahre nach Ablauf einer dramatischen Periode, die tiefe Wunden ins kollektive Bewußtsein geschlagen hat, das Bedürfnis nach mehr Abstand zur Vergangenheit wächst.

Wird ebenso wie nach 1945 auch nun wieder eine nachfolgende Generation, ungefähr im Jahr 2010, ihre Eltern mit eindringlichen Fragen über die Vergangenheit konfrontieren und Tabus brechen? Natürlich kann man darüber nur spekulieren, aber es gibt gute Gründe, um diese Frage zu verneinen. Nicht nur die große Intensität und moralische Aufladung der Debatte in den vergangenen Jahren deutet darauf hin. Wichtiger ist –

---

[294] Die Zahlen für 1990 bis 1992 stammen aus: ‚Erst vereint, nun entzweit', in: *Der Spiegel*, Nr. 3/1993, 56; vgl. für 1993: *Infas Ostdeutschland-Report*, 33. Woche 1993; vgl. auch: ‚Aufarbeitung der Vergangenheit im Schatten der Stasi', in: *Frankfurter Allgemeine Zeitung*, 6. August 1992.

[295] ‚Mehrheit für Schlußstrich unter die DDR-Vergangenheit', in: *Süddeutsche Zeitung*, 5. Mai 1992.

[296] Vgl. zu den Niederlanden: J. C. H. Blom, A. C. 't Hart, I. Schöffer, *De affaire Menten 1945–1976*, Band 1, Den Haag o. J. [1979], 203 ff.; vgl. auch: P. Romijn, *Snel, streng en rechtvaardig. Politiek beleid inzake bestraffing en reclassering van ‚foute' Nederlanders 1945–1955*, o. O. 1989, 225 ff.

und auf diesen zentralen Unterschied zwischen dem Dritten Reich und der DDR kommt man immer wieder zurück –, daß die Verbrechen des DDR-Regimes nie eine so herausgehobene Rolle in der kollektiven Erinnerung spielen werden wie die des Dritten Reiches. Sicherlich werden kommende Generationen diese Vergangenheit erneut thematisieren und neue, andere Fragen stellen, aber die Geschichte der DDR wird nie ein solcher Stachel im Fleisch werden können, wie es das Dritte Reich trotz allen inzwischen gewachsenen Abstands auch heute noch im historischen Bewußtsein der Deutschen ist.

Auswahlbibliographie

Abusch, A., *Der Irrweg einer Nation*, Berlin 1946.

Arendt, H., *The origins of totalitarism*, New York 1951 (deutsch: *Elemente und Ursprünge totalitärer Herrschaft*, Frankfurt am Main 1955).

Arnim, G. von, *Das große Schweigen. Von der Schwierigkeit mit der Vergangenheit zu leben*, München 1991.

Arnold, H. L., Meyer-Gosau, F. (Hg.), *Die Abwicklung der DDR*, Göttingen 1992.

Battis, U. u. a., *Vergangenheitsbewältigung durch Recht. Drei Abhandlungen zu einem deutschen Problem*, Berlin 1992.

Benz, W., ‚Wissenschaft oder Alibi? Die Etablierung der Zeitgeschichte', in: W. H. Pehle, P. Sillem (Hg.), *Wissenschaft im geteilten Deutschland. Restauration oder Neubeginn nach 1945?*, Frankfurt am Main 1992, 11–25.

Bergmann, W., ‚Die Reaktion auf den Holocaust in Westdeutschland von 1945 bis 1989', in: *Geschichte in Wissenschaft und Unterricht* 43 (1992) Nr.6, 327–350.

Birke, A., *Nation ohne Haus. Deutschland 1945–1961*, Berlin 1989.

Blankenburg, E., ‚Wij wilden gerechtigheid, maar kregen de rechtsstaat', in: *De Gids* 156 (1993) Nr.9.

Blom, J. C. H., 't Hart, A. C., Schöffer, I., *De affaire Menten 1945–1976*, Band 1, Den Haag o. J. [1979].

Böhme, E., Wirtgen, K. (Hg.), *Willy Brandt: Die Spiegel-Gespräche*, Stuttgart 1993.

Brandt, W., *Erinnerungen*, Frankfurt am Main 1989.

Brochhagen, U., *Nach Nürnberg. Vergangenheitsbewältigung und Westintegration in der Ära Adenauer*, Hamburg 1994.

Bundeszentrale für politische Bildung (Hg.), *Gedenkstätten für die Opfer des Nationalsozialismus. Eine Dokumentation*, Bonn 1988.

Burrichter, C., Schödl, G. (Hg.), *„Ohne Erinnerung keine Zukunft". Zur Aufarbeitung von Vergangenheit in einigen europäischen Gesellschaften unserer Tage*, Köln 1992.

Buruma, I., *Erbschaft der Schuld. Vergangenheitsbewältigung in Deutschland und Japan*, München 1994.

Deutscher Bundestag, Referat Öffentlichkeitsarbeit (Hg.), *Bericht der Enquete-Kommission „Aufarbeitung von Geschichte und Folgen der SED-Diktatur in Deutschland"*, DB Drucksache 12/7820, 31. Mai 1994.

Deutscher Bundestag, Referat Öffentlichkeitsarbeit (Hg.), *Zur Sache 1/93. Themen parlamentarischer Beratung. Erfahrungsaustausch mit Organisationen, die sich ebenfalls mit der Aufarbeitung der SED-Diktatur befassen*, Bonn 1993.

Deutscher Bundestag, Wissenschaftliche Dienste, *Dokumentation. Die Regelungen für die Beschäftigung im öffentlichen Dienst unter dem Aspekt von Belastungen aus der Zeit des SED-Regimes im Bund und in den Ländern*, Bonn, März 1993.

Diner, D. (Hg.), *Ist der Nationalsozialismus Geschichte? Zu Historisierung und Historikerstreit*, Frankfurt am Main 1988.

Ditfurth, Chr. von, *Blockflöten. Wie die CDU ihre realsozialistische Vergangenheit verdrängt*, Köln 1991.

Dönhoff, M. Gräfin u. a., *Ein Manifest II. Weil das Land Versöhnung braucht*, Berlin 1993.

Dowe, D. (Hg.), *Die Ost- und Deutschlandpolitik der SPD in der Opposition 1982–1989*, Bonn 1993 (Friedrich Ebert-Stiftung).

Dudek, P., „‚Vergangenheitsbewältigung". Zur Problematik eines umstrittenen Begriffs', in: *Aus Politik und Zeitgeschichte*, B 1–2/1992, 44–53.

Eberan, B., *Luther? Friedrich ‚der Große'? Wagner? Nietzsche? ...? ...?. Wer war an Hitler schuld? Die Debatte um die Schuldfrage 1945–1949*, München 1985.

Eckert, R., Plato, A. von, Schütrumpf, J. (Hg.), *Wendezeiten – Zeitenwände. Zur „Entnazifizierung" und „Entstalinisierung"*, Hamburg 1991.

Ehmke, H., *Mittendrin. Von der Großen Koalition zur deutschen Einheit*, Berlin 1994.

Eisenmann, P., Hirscher, G. (Hg.), *Bilanz der zweiten deutschen Diktatur*, München 1993.

Engelmann, R., *Zu Struktur, Charakter und Bedeutung der Unterlagen des Ministeriums für Staatssicherheit* (Der Bundesbeauftragte für die Unterlagen des Staatssicherheitsdienstes der ehemaligen Deutschen Demokratischen Republik, BF informiert 3/1994).

Enquete-Kommission „Aufarbeitung von Geschichte und Folgen der SED-Diktatur in Deutschland" (Hg.), *Forschungsprojekte zur DDR-Geschichte. Ergebnisse einer Umfrage des Arbeitsbereiches DDR-Geschichte im Mannheimer Zentrum für Europäische Sozialforschung (MZES) der Universität Mannheim*, 1994.

Ensink, T., Oussaïd, A., *Jenninger: de ontvangst van een Duitse rede in Nederland. Een tekstwetenschappelijke en communicatiewetenschappelijke analyse*, Amsterdam 1992.

Erster Tätigkeitsbericht des Bundesbeauftragten für die Unterlagen des Staatssicherheitsdienstes der ehemaligen Deutschen Demokratischen Republik – 1993, Berlin 1993.

Evans, R. J., *Im Schatten Hitlers? Historikerstreit und Vergangenheitsbewältigung in der Bundesrepublik*, Frankfurt am Main 1991.

Faulenbach, B., ‚NS-Interpretationen und Zeitklima. Zum Wandel in der Aufarbeitung der jüngsten Vergangenheit', in: *Aus Politik und Zeitgeschichte*, B 22/1987, 19–30.

Fetscher, I., *Utopien, Illusionen, Hoffnungen. Plädoyer für eine politische Kultur in Deutschland*, Stuttgart 1990.

Fichter, T., *Die SPD und die Nation. Vier sozialdemokratische Generationen zwischen nationaler Selbstbestimmung und Zweistaatlichkeit*, Berlin 1993.

Finn, G., *Sachsenhausen 1936–1950. Geschichte eines Lagers*, Bad Münstereifel 1991.

Fremdling, R., Lodder, H. u. a. (Hg.), *Die überwundene Angst? Die neun Nachbarländer und die deutsche Einheit*, Groningen 1994.

Friedrich, J., *Die kalte Amnestie. NS-Täter in der Bundesrepublik*, Frankfurt am Main 1988.

Garton Ash, T., *Im Namen Europas. Deutschland und der geteilte Kontinent*. München, Wien 1993.

Gauck, H. J., *Die Stasi-Akten. Das unheimliche Erbe der DDR*, Reinbek bei Hamburg 1992.

Gaus, G., *Die Welt der Westdeutschen. Kritische Betrachtungen*, Köln 1986.

Gehler, M., ‚Der 17. Juni aus der Sicht des Foreign Office', in: *Aus Politik und Zeitgeschichte*, B 25/1993, 22–31.

Gill, D., Schröter, U., *Das Ministerium für Staatssicherheit. Anatomie des Mielke-Imperiums*, Berlin 1991.

Giordano, R., *Die zweite Schuld oder von der Last Deutscher zu sein*, Hamburg, Zürich 1987.

Giordano, R., *Erfahrungen mit einem Buch. Ein Vortrag*, Passau 1989.

Graml, H., ‚Die verdrängte Auseinandersetzung mit dem Nationalsozialismus', in: M. Broszat (Hg.), *Zäsuren nach 1945. Essays zur Periodisierung der deutschen Nachkriegsgeschichte*, München 1990, 169–183.

Grosser, A., *Verbrechen und Erinnerung. Der Genozid im Gedächtnis der Völker*, München 1993.

Habermas, J., ‚Was bedeutet „Aufarbeitung der Vergangenheit" heute? Bemerkungen zur „doppelten Vergangenheit"', in: ders., *Die Moderne – ein unvollendetes Projekt. Philosophisch-politische Aufsätze 1977–1992*, Leipzig ²1992, 242–267.

Hacker, J., *Deutsche Irrtümer. Schönfärber und Helfershelfer der SED-Diktatur im Westen*, Frankfurt am Main 1992.

Hamacher, H. P., *DDR-Forschung und Politikberatung 1949–1990. Ein Wissenschaftszweig zwischen Selbstbehauptung und Anpassungszwang*, Köln 1991.

Hénard, J., *Geschichte vor Gericht. Die Ratlosigkeit der Justiz*, Berlin 1993.

Henke, K.-D. (Hg.), *Wann bricht schon mal ein Staat zusammen! Die Debatte über die Stasi-Akten auf dem 39. Historikertag 1992*, München 1993.

Henke, K.-D., Woller, H. (Hg.), *Politische Säuberung in Europa. Die Abrechnung mit Faschismus und Kollaboration nach dem Zweiten Weltkrieg*, München 1991.

Herbert, U., Groehler, O., *Zweierlei Bewältigung: Vier Beiträge über den Umgang mit der NS-Vergangenheit in den beiden deutschen Staaten*, Hamburg 1992.

Herbst, L. (Hg.), *Westdeutschland 1945–1955. Unterwerfung, Kontrolle, Integration*, München 1986.

Herzberg, G., Meier, K., *Karrieremuster. Wissenschaftsporträts*, Berlin 1992.

Hess, J. C., Wielenga, F. (Hg.), *Duitsland en de democratie 1871–1990*, Amsterdam 1992.

‚Historikerstreit'. Die Dokumentation der Kontroverse um die Einzigartigkeit der nationalsozialistischen Judenvernichtung. München 1987.

Hoffmann, Chr., ‚Aufklärung und Ahndung totalitären Unrechts: Die Zentralen Stellen in Ludwigsburg und in Salzgitter', in: *Aus Politik und Zeitgeschichte*, B 4/93, 35–45.

Hoffmann, Chr., ‚Literaturbericht: Deutsche Vergangenheitsbewältigung', in: U. Backes, E. Jesse (Hg.), *Jahrbuch Extremismus und Demokratie 1993*, Bonn 1993, 193–218.

Hoffmann, Chr., *Stunde Null? Vergangenheitsbewältigung in Deutschland 1945–1989*, Bonn 1992.

Jäckel, E., *Die zweifache Vergangenheit. Zum Vergleich politischer Systeme*, Bonn 1992 (Friedrich-Ebert-Stiftung).

Jaspers, K., *Die Schuldfrage. Zur politischen Haftung Deutschlands*, München 1946, 1987.

Jaspers, K., *Schicksal und Wille*, München 1967.

Jaspers, K., *Wohin treibt die Bundesrepublik? Tatsachen – Gefahren – Chancen*, München 1966 (Neudruck 1988).

Jesse, E., ‚„Vergangenheitsbewältigung“ in der Bundesrepublik Deutschland', in: *Der Staat* 26 (1987) 539–565.

Jesse, E., ‚Vergangenheitsbewältigung', in: W. Weidenfeld, R. Korte (Hg.): *Handwörterbuch zur deutschen Einheit*, Frankfurt am Main 1992, 715–722.

Jesse, E., ‚War die DDR totalitär?', in: *Aus Politik und Zeitgeschichte* B 40/94, 12–23.

Kershaw, I., *The Nazi Dictatorship: Problems and Perspectives of Interpretation*, London [3]1993.

Kielmansegg, P. Graf, *Lange Schatten. Vom Umgang der Deutschen mit der nationalsozialistischen Vergangenheit*, Berlin 1989.

Kleßmann, Chr., *Die doppelte Staatsgründung. Deutsche Geschichte 1945–1955*, Bonn [5]1991.

Klingenstein, G., ‚Über Herkunft und Verwendung des Wortes „Vergangenheitsbewältigung“', in: *Geschichte und Gegenwart* 7 (1988) Nr. 4, 301–312.

Klonovsky, M., Flocken, J. von, *Stalins Lager in Deutschland 1945–1950. Dokumentation, Zeugenberichte*, München 1993.

Kocka, J., ‚Ein deutscher Sonderweg. Überlegungen zur Sozialgeschichte der DDR', in: *Aus Politik und Zeitgeschichte* B 40/94, 34–45.

Kogon, E., *Der SS-Staat. Das System der deutschen Konzentrationslager*, München 1946 u.ö.

Kröger, U., *Die Ahndung von NS-Verbrechen vor westdeutschen Gerichten und ihre Rezeption in der deutschen Öffentlichkeit*, Diss. Hamburg 1973.

Kühn, R., *Konzentrationslager Sachsenhausen*, Landeszentrale für politische Bildungsarbeit Berlin 1990.

Kuppe, J. L., ‚Was bei der Aufarbeitung der Vergangenheit zu bedenken ist', in: *Deutschland Archiv* 25 (1992) Nr.6, 978–991.

Kwiet, K., ‚Die NS-Zeit in der westdeutschen Forschung 1945–1961', in: E. Schulin (Hg.), *Deutsche Geschichtswissenschaft nach dem Zweiten Weltkrieg (1945–1965)*, München 1989, 181–198.

Laschet, A., Malangré, H. (Hg.), *Philipp Jenninger: Rede und Reaktion*, Aachen, Koblenz 1989.

Loewy, H. (Hg.), *Holocaust: Die Grenzen des Verstehens. Eine Debatte über die Besetzung der Geschichte*, Reinbek bei Hamburg 1992.

Lübbe, H., ‚Der Nationalsozialismus im deutschen Nachkriegsbewußtsein', in: *Historische Zeitschrift* 1983, Bd.236, 579–599.

Lüderssen, K., *Der Staat geht unter – das Unrecht bleibt. Regierungskriminalität in der ehemaligen DDR*, Frankfurt am Main 1992.

Maaz, H.-J., *Das gestürzte Volk. Die unglückliche Einheit*, Berlin 1992.

Maaz, H.-J., *Der Gefühlsstau. Ein Psychogramm der DDR*, Berlin 1990.

Maaz, H.-J., *Die Entrüstung. Deutschland, Deutschland, Stasi, Schuld und Sündenbock*, Berlin 1992.

Maaz, H.-J., Moeller, M. L., *Die Einheit beginnt zu zweit. Ein deutsch-deutsches Zwiegespräch*, Berlin 1991.

Märthesheimer, P., Frenzel, I. (Hg.), *Im Kreuzfeuer: Der Fernsehfilm Holocaust. Eine Nation ist betroffen*, Frankfurt am Main 1979.

Maier, Ch. S., *The unmasterable past. History, Holocaust, and German national identity*, Cambridge, Mass., London 1988.

Marcuse, H., Schimmelfennig, F., Spielmann, J., *Steine des Anstoßes. Nationalsozialismus und Zweiter Weltkrieg in Denkmalen 1945–1985*, herausgegeben vom Museum für Hamburgische Geschichte 1985.

Markovits, I., *Die Abwicklung. Ein Tagebuch zum Ende der DDR-Justiz*, München 1993.

Matz, R., *Die unsichtbaren Lager. Das Verschwinden der Vergangenheit im Gedenken*, Reinbek bei Hamburg 1993.

Meier, Chr., *Vierzig Jahre nach Auschwitz. Deutsche Geschichtserinnerung heute*, München 1990.

Meinecke, F., *Die deutsche Katastrophe. Betrachtungen und Erinnerungen*, Wiesbaden 1946.

Mitscherlich, A. und M., *Die Unfähigkeit zu trauern. Grundlagen kollektiven Verhaltens*, München 1967, [14]1982.

Mitscherlich, M., Burmeister, B., *Wir haben ein Berührungstabu. Zwei deutsche Seelen – einander fremd geworden*, München 1993.

Mitter, A., Wolle, S., *Untergang auf Raten. Unbekannte Kapitel der DDR-Geschichte*, Berlin 1993.

Moser, T., *Vorsicht Berührung. Über Sexualisierung, Spaltung, NS-Erbe und Stasi-Angst*, Frankfurt am Main 1992.

Müller, I., *Furchtbare Juristen. Die unbewältigte Vergangenheit unserer Justiz*, München 1987.

Müller, R.M., *Normal-Null und die Zukunft der deutschen Vergangenheitsbewältigung*, Schernfeld 1994.

Müller-Enbergs, H., *IM-Statistik 1985–1989* (Der Bundesbeauftragte für die Unterlagen des Staatssicherheitsdienstes der ehemaligen Deutschen Demokratischen Republik, BF informiert 3/1993).

Niethammer, L., *Die Mitläuferfabrik. Die Entnazifizierung am Beispiel Bayerns*, Berlin, Bonn 1982.

Noelle-Neumann, E., *Allensbacher Jahrbuch der Demoskopie 1978–1983*, Band VIII, München 1983.

Noelle-Neumann, E., *Vergangenheitsbewältigung. Selbstgespräch und Wir-Gefühl in den neuen Bundesländern*, Allensbach 1992 (Dokumentation).

Ommler, N., ‚Zweierlei „Vergangenheitsbewältigung" ohne Tangieren des gemeinsamen Kerns?', in: *Geschichte – Erziehung – Politik* 4 (1993), H. 7/8, 433–440.

Pampel, B., ‚Was bedeutet „Aufarbeitung der Vergangenheit"? Kann man aus der „Vergangenheitsbewältigung" nach 1945 für die „Aufarbeitung" nach 1989 Lehren ziehen?', in: *Aus Politik und Zeitgeschichte* B 1–2/95, 27–28.

Prieß, L., Wilke, M., ‚Die DDR und die Besetzung der Tschechoslowakei am 21. August 1968', in: *Aus Politik und Zeitgeschichte* B 36/92, 26–34.

Probst, L., ‚Politische Kultur und Demokratieperspektiven in Deutschland nach der Vereinigung', in: *Deutschland Archiv* 25 (1992), Nr.12, 1306–1312.

Rauschenbach, B. (Hg.), *Erinnern, Wiederholen, Durcharbeiten. Zur Psycho-Analyse deutscher Wenden*, Berlin 1992.

Reuth, R. G., *IM „Sekretär". Die „Gauck-Recherche" und die Dokumente zum „Fall Stolpe"*, Berlin 1992.

Ritscher, B., *Speziallager Nr.2 Buchenwald. Zur Geschichte des Lagers Buchenwald 1945–1950*, Weimar-Buchenwald 1993.

Röhrich, W., *Die Demokratie der Westdeutschen. Geschichte und politisches Klima einer Republik*, München 1988.

Romijn, P., *Snel, streng en rechtvaardig. Politiek beleid inzake bestraffing en reclassering van ‚foute' Nederlanders 1945–1955*, o. O. 1989.

Roth, J. u. a., ‚Das Zweite SED-Unrechtsbereinigungsgesetz', in: *Deutschland Archiv* 27 (1994) Nr. 5, 449–456.

Roth, J. u. a., Initiativen zur Rehabilitierung und Entschädigung von Opfern des Stalinismus und des DDR-Regimes, (Dokumentation des Bündnis '90/Die Grünen im Bundestag, 1992).

Saathoff, G. u. a., ‚Kritik am Entwurf der Bundesregierung für ein 2. SED-Unrechtsbereinigungsgesetz', in: *Deutschland Archiv* 26 (1993) Nr. 5, 603–607.

Schädlich, H. J. , *Aktenkundig. Mit Beiträgen von Wolf Biermann, Jürgen Fuchs, Joachim Gauck, Lutz Rathenow, Vera Wollenberger u. a.*, Berlin 1992.

Schneider, Th. F., Westphalen, T., *‚Reue ist undeutsch'. Erich Maria Remarques ‚Der Funke Leben' und das Konzentrationslager Buchenwald. Katalog zur Ausstellung*, Bramsche 1992.

Schönherr, A. (Hg.): *Ein Volk am Pranger. Die Deutschen auf der Suche nach einer neuen politischen Kultur*, Berlin 1992.

Schröder, R., *Deutschland schwierig Vaterland. Für eine neue politische Kultur*, Freiburg im Breisgau 1993.

Schwartz, Th. A., ‚Die Begnadigung deutscher Kriegsverbrecher. John McCloy und die Häftlinge von Landsberg', in: *Vierteljahrshefte für Zeitgeschichte* 38 (1990) Nr. 3, 375–414.

Schwarz, H.-P., *Adenauer. Der Staatsmann: 1952–1967*, Stuttgart 1991.

Schwibbert, J., ‚Die Kölner Synagogenschmierereien Weihnachten 1959 und die Reaktionen in Politik und Öffentlichkeit', in: *Geschichte in Köln* 1993, Heft 33, 73–96.

Sichrovsky, P., *Schuldig geboren. Kinder aus Nazifamilien*, Köln 1987.

Sontheimer, K., *Die Ära Adenauer. Grundlegung der Bundesrepublik*, München 1991.

Spiegel Spezial. Das Profil der Deutschen. Was sie vereint, was sie trennt, Spiegel Spezial Nr.1/1991.

Stein, R., *Die Charité 1945–1992. Ein Mythos von innen*, Berlin 1992.

Steinbach, P., *Nationalsozialistische Gewaltverbrechen. Die Diskussion in der deutschen Öffentlichkeit nach 1945*, Berlin 1981.

Steinbach, P., *Widerstand im Widerstreit. Der Widerstand gegen den Nationalsozialismus in der Erinnerung der Deutschen*, Paderborn 1994.

Steininger, R. (Hg.), *Der Umgang mit dem Holocaust. Europa – USA – Israel*, Wien, Köln, Weimar 1994.

Stephan, C. (Hg.), *Wir Kollaborateure. Der Westen und die deutschen Vergangenheiten*, Reinbek bei Hamburg 1992.

Stern, C., Winkler, H.A. (Hg.), *Wendepunkte deutscher Geschichte 1848–1990*, Frankfurt am Main 1994.

Stolpe, M., *Schwieriger Aufbruch*, Berlin 1992.

Sühl, K. (Hg.), *Vergangenheitsbewältigung 1945 und 1989. Ein unmöglicher Vergleich? Eine Diskussion*, Berlin 1994.

Thamer, H.-U., ‚Die Geschichtswissenschaft in der Bundesrepublik Deutschland und das „Dritte Reich"', in: J. C. Hess u. a., *De geschiedwetenschap in de Bondsrepubliek Duitsland en de Duitse Democratische Republiek over het ‚Derde Rijk'*, (Stichting ter bevordering van Duitslandstudiën), Amsterdam o. J. (1990), 22–53.

Vertrag zwischen der Bundesrepublik Deutschland und der Deutschen Demokratischen Republik über die Herstellung der Einheit Deutschlands – Einigungsvertrag, in: Bulletin des Presse- und Informationsamtes der Bundesregierung Nr.104, 6. September 1990.

Vollnhals, C., ‚Abrechnung mit der Diktatur. Politische Säuberung nach 1945 und 1989', (Paper IPSA XVI. World Congress, Berlin, August 1994).

Vollnhals, C., *Entnazifizierung. Politische Säuberung und Rehabilitierung in den vier Besatzungszonen 1945–1949*, München 1991.

Vollnhals, C., ‚Zwischen Verdrängung und Aufklärung. Die Auseinandersetzung mit dem Holocaust in der frühen Bundesrepublik', in: U. Büttner (Hg.), *Die Deutschen und die Judenverfolgung im Dritten Reich*, Hamburg 1992, 357–392.

Wassermann, R., ‚Vergangenheitsaufarbeitung nach 1945 und nach 1989', in: U. Backes, E. Jesse (Hg.), *Jahrbuch Extremismus und Demokratie 1993*, Bonn 1993, 29–50.

Wassermann, R., ‚Zur Aufarbeitung des SED-Unrechts', in: *Aus Politik und Zeitgeschichte*, B 4/93, 3–12.

Weber, H., *Die DDR 1945–1990*. (Oldenbourg Grundriß der Geschichte), München ^{2}1993.

Weber, J., Steinbach, P. (Hg.): *Vergangenheitsbewältigung durch Strafverfahren? NS-Prozesse in der Bundesrepublik Deutschland*, München 1984.

Wehler, H.-U., *Entsorgung der deutschen Vergangenheit. Ein polemischer Essay zum ‚Historikerstreit'*, München 1988.

Weichert, Th., ‚Überprüfung der öffentlich Bediensteten in Ostdeutschland', in: *Kritische Justiz*, 1991, 457–475.

Weidenfeld, W. (Hg.), *Deutschland. Eine Nation – doppelte Geschichte*, Köln 1993.

Weizsäcker, R. von, Kohl, H., *Nachdenken über unsere Geschichte. Reden zum vierzigsten Jahrestag des 8. Mai 1945*, hg. vom Presse- und Informationsamt der Bundesregierung, Bonn 1986.

Wember, H., *Umerziehung im Lager. Internierung und Bestrafung von Nationalsozialisten in der britischen Besatzungszone Deutschlands*, Koblenz 1991.

Wesel, U., *Ein Staat vor Gericht. Der Honecker-Prozeß*, Frankfurt am Main 1994.

Whitney, C. R., *Advocatus Diaboli. Wolfgang Vogel – Anwalt zwischen Ost und West*, Berlin 1993.

Wielenga, F., ‚Der Weg zur neuen Nachbarschaft nach 1945', in: Niedersächsische Landeszentrale für politische Bildung (Hg.), *Die Niederlande und Deutschland. Nachbarn in Europa*, Hannover 1992, 124–142.

Wielenga, F., ‚Het Duitse vraagstuk 1945–1990', in: A. Bosch, L. H. M. Wessels, *Veranderende grenzen. Nationalisme in Europa 1919–1989*, Nimwegen 1992, 413–438.

Wielenga, F., ‚Sensibilität und Verwundbarkeit. Die Niederlande und die deutsche Frage', in: R. Fremdling, F. Wielenga u. a. (Hg.), *Die überwundene Angst? Die neun Nachbarländer und die deutsche Einheit,* Groningen 1994, 9–30.

Wielenga, F., ‚Schatten der deutschen Geschichte. Der Umgang mit der Nazi- und DDR-Vergangenheit in der Bundesrepublik Deutschland', in: *Deutschland Archiv* 27 (1994) Nr.10, 1058–1073.

Wielenga, F., ‚„Stille revolutie" en schijnbare normaliteit. De westerse zones en de Bondsrepubliek', in: J. C. Hess und F. Wielenga (Hg.), *Duitsland en de democratie 1871–1990,* Amsterdam ²1994, 176–218.

Wielenga, F., *West-Duitsland: partner uit noodzaak. Nederland en de Bondsrepubliek 1949–1955*, Utrecht 1989.

Wolffsohn, M., ‚Das deutsch-israelische Wiedergutmachungsabkommen von 1952 im internationalen Zusammenhang', in: *Vierteljahrshefte für Zeitgeschichte* 36 (1988) Nr. 4, 691–731.

Wolffsohn, M., *Ewige Schuld? 40 Jahre deutsch-jüdisch-israelische Beziehungen*, München 1989.

Wolffsohn, M., *Keine Angst vor Deutschland!*, Frankfurt am Main, Berlin 1992.

Zieger, G., *Die Haltung von SED und DDR zur Einheit Deutschlands 1949–1987*, Köln 1988.

Zur Neuorientierung der Gedenkstätte Buchenwald, Weimar-Buchenwald 1992.

Personenregister

Über den Autor

Friso Wielenga, Jahrgang 1956, absolvierte sein Studium der Geschichte in Amsterdam und Bonn. Er promovierte über die Beziehungen zwischen Deutschland und den Niederlanden nach dem Zweiten Weltkrieg. Heute lehrt er als Hochschuldozent an der Abteilung für Politische Geschichte der Universität Utrecht und ist außerordentlicher Professor für Deutschland-Studien an der Universität Groningen. Seine Veröffentlichungen umfassen die neueste deutschen Geschichte und die deutsch-niederländischen Beziehungen. Wichtigste Publikationen: *West-Duitsland: partner uit noodzaak. Nederland en de Bondsrepubliek 1949–1955*, Utrecht 1989 sowie, jeweils gemeinsam mit anderen Autoren: *Duitsland in de Nederlandse pers – altijd een probleem? Drie dagbladen over de Bondsrepubliek Duitsland 1969–1980*, Den Haag 1982; *Duitsland en de democratie 1871–1990*, Amsterdam/Meppel 1992; *Die überwundene Angst? Die neun Nachbarländer und die deutsche Einheit*, Groningen 1994; *Deutschland im Superwahljahr 1994. Beobachtungen aus deutscher, niederländischer und französischer Sicht*, Den Haag 1994.

Weitere Bücher aus dem SH-Verlag

Richard Matthias Müller

Normal-Null und die Zukunft der deutschen Vergangenheitsbewältigung

Ein Essay. 159 S., geb., DM 39,80

Der Autor selbst hatte in den 60er Jahren die Dialoge „Über Deutschland" veröffentlicht, die zum Inbegriff für die unnachsichtige Abrechnung mit der Schuld der Väter wurden. In seinem neuen Buch stellt Müller seine Thesen und die seiner Weggenossen von damals auf die Probe. Er geht von dem Verhalten aus, das Menschen im Normalfall voneinander erwarten dürfen, und kommt zu dem Ergebnis, daß die deutsche Vergangenheitsbewältigung nach 1945 eine bemerkenswerte Leistung war.

Otto Dann (Hrsg.)

Die deutsche Nation

Geschichte – Probleme – Perspektiven. (Kölner Beiträge zur Nationsforschung 1)
156 S., geb., DM 39,80

Geschichte und Kulturgeschichte von der Französischen Revolution bis in die Gegenwart.
Mitarbeiter: Roger Chickering, Otto Dann, Jost Dülffer, Dietrich Kämper, Eberhard Kolb, Werner Link, Ron Manheim, Hans Mommsen, Wilhelm Salber, Wolfram Siemann, Wolfgang Thierse.

Sabine Behrenbeck

Der Kult um die toten Helden

Nationalsozialistische Mythen, Riten und Symbole 1923–1945.
(Kölner Beiträge zur Nationsforschung 2) Ende 1995. Ca. 400 S., geb., DM 98,–

Anhand des Totenkults analysiert Behrenbeck den Stil nationalsozialistischer Herrschaftsausübung und ihre massenpsychologischen Mittel. Die mit seltenen Bildzeugnissen illustrierte Studie verknüpft historische, kunst- und literaturgeschichtliche Ansätze.

Uwe-K. Ketelsen

Literatur und Drittes Reich

2., durchgesehene Auflage 1994. 438 S., Leinen, DM 79,–

Ketelsens provozierende These: 1933 bedeutet keinen Bruch in der Geschichte der deutschen Literatur. Damit rückt die Literatur des Kaiserreichs und der Weimarer Republik nachträglich in den Schatten des Dritten Reichs. „Ketelsen hat den Vorhang aufgezogen, den die literarische Generation der fünfziger Jahre vor der literarischen Realität des ‚Dritten Reiches' heruntergelassen hatte" (Paul-Michael Lützeler, Neue Zürcher Zeitung). Mit der umfassendsten Auswahlbibliographie zum Thema.

Raimund Neuß

Anmerkungen zu Walter Flex

Die „Ideen von 1914" in der deutschen Literatur. 160 S., Leinen, DM 64,–

Ein Buchtitel wurde zum Sprichwort: „Der Wanderer zwischen beiden Welten". „Die Neubewertung des Schriftstellers Flex demonstriert an einem Fallbeispiel Mentalitätsgeschichte der ersten Jahrhunderthälfte" (Walter Hinck, Frankfurter Allgemeine Zeitung).